Dein Weg zum Glück - loslassen lernen

Wie Du erfolgreich mit der Vergangenheit abschließt, Beziehungen hinter Dir lässt und endlich wieder glücklich und frei wirst.

Dein Weg zum Glück - loslassen lernen

Wie Du erfolgreich mit der Vergangenheit abschließt, Beziehungen hinter Dir lässt und endlich wieder glücklich und frei wirst.

Robert M. Wagner

1. Auflage

2023

Inhaltsverzeichnis

Vorwort

Liebe Leser,

in der heutigen schnelllebigen Welt, in der wir alle leben, haben wir oft das Gefühl, dass wir ständig Dinge festhalten müssen. Ob es um materielle Besitztümer, zwischenmenschliche Beziehungen oder sogar Gedanken und Emotionen geht, das Festhalten kann uns in seinen Klauen gefangen halten und uns daran hindern, uns frei zu entfalten.

Dieses Buch ist meiner tiefen Überzeugung gewidmet, dass das Loslassen ein Schlüssel zum inneren Frieden und zur persönlichen Weiterentwicklung ist. Es ist eine Reise, die uns ermöglicht, die Lasten der Vergangenheit abzuwerfen, Ängste zu überwinden und Platz für neue Chancen und Entwicklungen in unserem Leben zu schaffen.

Während ich mich auf die Recherche und das Schreiben dieses Buches eingelassen habe, wurde mir klar, dass das Thema des Loslassens in vielen Facetten unseres Lebens eine wichtige Rolle spielt. Es ist nicht nur ein einfacher Akt, sondern ein umfassendes Konzept, das unsere psychische, physische und emotionale Gesundheit beeinflusst.

In den kommenden Kapiteln werden Sie mehr über die psychologischen Aspekte des Loslassens, die Gründe, warum wir so oft festhalten, und die wertvollen Vorteile des Loslassens erfahren. Sie werden praktische Techniken und Übungen kennenlernen, die Ihnen helfen, diesen Prozess zu meistern.

Dieses Buch enthält auch inspirierende Geschichten von Menschen, die den Mut aufgebracht haben, loszulassen, und dadurch erstaunliche Veränderungen in ihrem Leben erlebt haben. Ich hoffe, dass diese Geschichten Sie ermutigen und Ihnen zeigen, dass es möglich ist, alte Muster zu überwinden und sich weiterzuentwickeln.

Das Loslassen ist jedoch kein einmaliger Akt, sondern ein lebenslanger Prozess. Es erfordert Geduld, Selbstreflexion und die Bereitschaft, sich ständig zu verbessern. Dieses Buch soll Sie auf dieser Reise begleiten und Ihnen Werkzeuge an die Hand geben, um das Loslassen zu einer Quelle der Freiheit und des inneren Friedens in Ihrem Leben zu machen.

Ich danke Ihnen herzlich, dass Sie sich die Zeit nehmen, dieses Buch zu lesen, und hoffe, dass es für Sie von Wert ist. Möge es Ihnen auf Ihrem Weg des Loslassens Inspiration und Erkenntnis bieten.

Mit den besten Wünschen,

Robert M. Wagner

Die Bedeutung von Loslassen

Wir alle haben schon einmal den Ausdruck "Loslassen" gehört, aber was bedeutet er wirklich? Loslassen ist weit mehr als nur das Loswerden von Dingen oder Situationen. Es ist eine fundamentale Fähigkeit, die unser Leben in vielerlei Hinsicht beeinflusst.

Die Befreiung von Ballast

Denken Sie an all die Dinge, die Sie im Laufe Ihres Lebens angesammelt haben. Von materiellen Besitztümern über Erinnerungen bis hin zu Vorstellungen und Überzeugungen – sie alle können wie Ballast werden, der uns daran hindert, uns frei zu bewegen. Das Loslassen bedeutet, diesen Ballast zu erkennen und zu akzeptieren, dass er uns nicht länger dient. Es bedeutet, den Mut aufzubringen, sich von dem zu trennen, was uns belastet.

Das Festhalten an der Vergangenheit

Häufig neigen wir dazu, an vergangenen Erfahrungen, sei es Freude oder Schmerz, festzuhalten. Diese Erinnerungen können uns wertvolle Lehren vermitteln, aber wenn wir uns zu sehr an sie klammern, blockieren sie unseren Weg in die Zukunft. Loslassen ermöglicht es uns, aus der Vergangenheit zu lernen, ohne von ihr gefangen zu sein.

Die Befreiung von Ängsten

Die Furcht vor dem Unbekannten und die Angst vor Veränderungen sind oft die Gründe, warum wir nicht loslassen können. Aber das Festhalten an diesen Ängsten kann uns gefangen halten und uns davon abhalten, unser volles Potenzial auszuschöpfen. Das Loslassen ist der Schlüssel, um diese Ängste zu überwinden und den Raum für Wachstum und Transformation zu schaffen.

Die Freiheit des Loslassens

Das Loslassen bietet uns die Freiheit, unser Leben bewusster zu gestalten. Es erlaubt uns, Platz für neue Erfahrungen, Beziehungen und Möglichkeiten zu schaffen. Es befreit uns von der Last der Erwartungen und Vorstellungen, die uns oft einschränken.

In diesem Buch werden wir uns intensiv mit diesen verschiedenen Aspekten des Loslassens auseinandersetzen. Wir werden untersuchen, warum das Loslassen so herausfordernd sein kann, und wie es uns den Weg zu einem erfüllteren und zufriedeneren Leben ebnen kann. Wir werden Techniken und Strategien kennenlernen, die es Ihnen ermöglichen, den Prozess des Loslassens in Ihrem eigenen Leben zu meistern.

Das Loslassen ist kein einfaches Unterfangen, aber es ist eine Reise, die es wert ist. Durch das Verstehen und Anwenden dieses Konzepts können Sie Ihre Lebensqualität verbessern und inneren Frieden finden. Lassen Sie uns gemeinsam beginnen, die Bedeutung des Loslassens zu erforschen und herauszufinden, wie es Ihr Leben positiv verändern kann.

Die Psychologie des Loslassens

Um die Bedeutung des Loslassens noch besser zu verstehen, ist es hilfreich, einen Blick auf die psychologischen Aspekte dieses

Prozesses zu werfen. Unsere Psyche spielt eine entscheidende Rolle bei unserer Fähigkeit, Dinge loszulassen.

Das Festhalten als Schutzmechanismus

Einer der Gründe, warum wir oft Dinge oder Menschen festhalten, ist, dass es uns ein Gefühl von Sicherheit und Kontrolle vermittelt. Wir klammern uns an das Vertraute, selbst wenn es uns unglücklich macht, weil das Unbekannte oft Angst auslöst. Dieser Schutzmechanismus, der in der Psychologie als "Sicherheitsverhalten" bezeichnet wird, kann uns jedoch auf lange Sicht einschränken.

Der Verlustaversionseffekt

Ein weiterer psychologischer Faktor, der das Loslassen erschwert, ist der sogenannte "Verlustaversionseffekt". Dieser Effekt besagt, dass Menschen den Verlust von etwas als schmerzhafter empfinden als den Gewinn derselben Sache. Dies führt dazu, dass wir dazu neigen, an bereits Erreichtem festzuhalten, selbst wenn es uns nicht mehr glücklich macht.

Die Rolle der emotionalen Bindungen

Emotionale Bindungen an Menschen, Orte oder Dinge können das Loslassen noch komplizierter machen. Wir hegen starke Gefühle und Erinnerungen, die es schwer machen, sich von ihnen zu trennen. Oftmals sind diese Bindungen jedoch nicht mehr gesund oder dienlich, und das Loslassen wird notwendig, um unser Wohlbefinden zu fördern.

Die Freiheit des Loslassens

Das Loslassen hat jedoch auch eine positive Seite in der Psychologie. Wenn wir uns von Dingen befreien, die uns belasten, schaffen wir Raum für positives Wachstum und persönliche Entfaltung. Es ermöglicht uns, mehr im Hier und Jetzt zu leben, anstatt in der Vergangenheit oder der Zukunft gefangen zu sein.

Die Bedeutung des Loslassens in der Selbstentwicklung

Wenn wir die Bedeutung des Loslassens in unserer Selbstentwicklung erkennen, wird deutlich, dass es nicht nur um das Abgeben von Dingen oder Menschen geht, sondern um den Weg zu einem erfüllteren und bewussteren Leben. Dieser Prozess kann uns helfen, unsere eigene Identität zu finden, innere Ruhe zu erleben und persönliche Ziele zu verwirklichen.

In den folgenden Kapiteln werden wir tiefer in die psychologischen Aspekte des Loslassens eintauchen und Strategien entwickeln, um diesen Prozess zu meistern. Das Loslassen ist keine einfache Aufgabe, aber es ist eine notwendige, um ein erfüllteres und zufriedeneres Leben zu führen.

Es gibt zahlreiche Vorteile, die das Loslassen mit sich bringt, und wir werden sie in diesem Buch ausführlich erkunden. Wir werden auch praktische Übungen und Techniken kennenlernen, die Ihnen auf Ihrem Weg des Loslassens helfen können. Gleichzeitig sollten Sie bedenken, dass das Loslassen ein lebenslanger Prozess ist, der kontinuierliche Selbstreflexion und Wachstum erfordert.

Lasst uns also gemeinsam fortfahren, um die Bedeutung des Loslassens noch tiefer zu erforschen und zu verstehen, wie es unser Leben auf vielfältige Weise bereichern kann.

Warum Loslassen schwerfällt

Wir haben nun die Bedeutung des Loslassens beleuchtet, aber warum ist es so unglaublich schwer, sich von Dingen, Gedanken und Menschen zu trennen, selbst wenn sie uns nicht mehr dienen? Die Gründe, warum das Loslassen schwerfällt, sind vielfältig und tief verwurzelt.

1. Ängste und Unsicherheiten

Eine der Hauptursachen, warum das Loslassen so herausfordernd ist, sind Ängste und Unsicherheiten. Wir haben Angst vor dem Unbekannten, vor Veränderungen und vor dem Verlust von Dingen, die uns vertraut sind. Diese Ängste können uns lähmen und uns davon abhalten, uns von Altem zu befreien.

Ein Beispiel für die Auswirkungen von Ängsten und Unsicherheiten auf das Loslassen könnte die Angst vor dem Verlassen eines unglücklichen Jobs sein. Selbst wenn Sie sich in Ihrer aktuellen Position unglücklich fühlen, können finanzielle Unsicherheiten und die Angst vor der Unsicherheit, die ein beruflicher Wechsel mit sich bringt, das Loslassen dieses Jobs erschweren.

2. Emotionale Bindungen

Emotionale Bindungen sind eine weitere mächtige Kraft, die das Loslassen erschwert. Wir sind oft stark mit Menschen und Erinnerungen verbunden, und diese Bindungen können es schwierig machen, sich von ihnen zu trennen. Selbst wenn eine Beziehung giftig ist oder uns schadet, kann die emotionale Verbundenheit uns davon abhalten, den notwendigen Schritt des Loslassens zu gehen.

Emotionale Bindungen können in zwischenmenschlichen Beziehungen besonders stark sein. Wenn eine Beziehung toxisch geworden ist, könnte die Angst, den geliebten Partner zu verlassen, aufgrund der tiefen emotionalen Bindung und der Sorge um den Verlust dieser Verbindung das Loslassen behindern.

3. Gesellschaftliche und kulturelle Einflüsse

Unsere Gesellschaft und Kultur spielen ebenfalls eine wichtige Rolle. Wir werden oft dazu ermutigt, an Dingen festzuhalten, sei es der Besitz von materiellen Gütern oder das Bewahren von Traditionen. Diese sozialen Erwartungen und Normen können das Loslassen erschweren, da wir Angst vor der Stigmatisierung des "Versagens" oder des "Verlusts" haben.

Ein gutes Beispiel für den Einfluss der Gesellschaft und Kultur auf das Loslassen ist die Vorstellung, dass der Besitz von materiellen Gütern und Statussymbolen Erfolg und Glück symbolisiert. Dies kann dazu führen, dass Menschen Dinge festhalten, die sie nicht wirklich benötigen oder schätzen, nur um den sozialen Erwartungen zu entsprechen.

4. Der Verlustaversionseffekt

Wir haben bereits den Verlustaversionseffekt besprochen, der in der Psychologie eine wichtige Rolle spielt. Menschen neigen dazu, den Verlust von Dingen als schmerzhafter zu empfinden als den Gewinn derselben Sache. Dies führt dazu, dass wir uns an bereits Erreichtem klammern, selbst wenn es uns nicht mehr glücklich macht.

Um den Verlustaversionseffekt zu verdeutlichen, nehmen wir das Beispiel eines Aktieninvestors. Selbst wenn die Aktien in seinem Portfolio an Wert verlieren, wird er zögern, sie zu verkaufen, weil der Schmerz des Verlusts größer zu sein scheint als die Hoffnung auf zukünftigen Gewinn.

5. Gewohnheit und Komfortzone

Gewohnheit und die Komfortzone sind weitere Gründe, warum das Loslassen schwerfällt. Wir fühlen uns in unserer gewohnten Umgebung und Routine sicher, selbst wenn sie uns unglücklich macht. Das Verlassen der Komfortzone erfordert Mut und die Bereitschaft, sich auf Neues einzulassen.

Die Angst, die Komfortzone zu verlassen, kann in vielen Lebensbereichen auftreten. Zum Beispiel könnten Sie in einer Stadt leben, die Ihnen nicht gefällt, aber sich aus Gewohnheit und Bequemlichkeit nicht dazu durchringen, sie zu verlassen, um in eine neue Umgebung umzuziehen.

6. Identitätsverlust

Manchmal identifizieren wir uns so stark mit bestimmten Dingen oder Rollen, dass das Loslassen bedeutet, einen Teil unserer Identität aufzugeben. Dieser Gedanke kann uns Angst machen und uns davon abhalten, notwendige Veränderungen vorzunehmen.

Ein Beispiel für den Identitätsverlust in Verbindung mit dem Loslassen ist die Beendigung einer langjährigen beruflichen Karriere. Wenn Sie sich jahrelang als erfolgreiche Geschäftsperson identifiziert haben, kann das Aufgeben dieser Rolle und der Übergang in den Ruhestand das Gefühl des Identitätsverlusts auslösen.

7. Fehlendes Bewusstsein

Oftmals sind wir uns nicht einmal bewusst, dass wir Dinge oder Menschen festhalten, die uns nicht guttun. Ein Mangel an Bewusstsein für unsere eigenen Bedürfnisse und Prioritäten kann das Loslassen erschweren.

Die Gründe, warum das Loslassen schwerfällt, sind also vielfältig und komplex. In den kommenden Kapiteln werden wir Strategien und Techniken erkunden, um diese Hindernisse zu überwinden und den Weg des Loslassens erfolgreich zu beschreiten.

Mangelndes Bewusstsein für die eigenen Bedürfnisse kann sich beispielsweise in der Überlastung im Berufs- und Privatleben zeigen. Sie könnten sich in zu vielen Verpflichtungen verstricken, ohne zu erkennen, dass Sie sich überfordern, und daher fällt es schwer, Dinge loszulassen.

Diese Beispiele verdeutlichen, wie die verschiedenen Gründe, warum das Loslassen schwerfällt, in der Realität auftreten können. Jeder dieser Gründe kann eine wichtige Hürde auf dem Weg zum Loslassen darstellen, aber mit den richtigen Strategien und Techniken können sie überwunden werden, um einen Weg zu mehr Freiheit und innerem Frieden zu ermöglichen.

Verständnis des Loslassens

Was bedeutet „loslassen“ überhaupt?

Loslassen - ein Wort, das oft verwendet wird, aber dessen tiefere Bedeutung nicht immer vollständig verstanden wird. In diesem Kapitel werden wir in die Tiefe gehen, um herauszufinden, was es wirklich bedeutet, Dinge, Gedanken und Menschen loszulassen.

Die Oberflächliche Bedeutung des Loslassens

Auf den ersten Blick mag es so aussehen, als wäre Loslassen einfach das Aufgeben oder Verlassen von etwas. Es könnte das Abgeben von materiellen Besitztümern, das Beenden einer Beziehung oder das Zurücklassen von alten Erinnerungen sein. Aber die wahre Bedeutung des Loslassens geht weit über diese äußeren Handlungen hinaus.

Das Loslassen auf einer Tieferen Ebene

Auf einer tieferen Ebene ist das Loslassen ein innerer Prozess. Es bedeutet, sich von negativen Gedanken, begrenzenden Überzeugungen und emotionalen Altlasten zu befreien. Es ist die Fähigkeit, das Vergangene ruhen zu lassen und im Hier und Jetzt zu leben, ohne von den Geistern der Vergangenheit verfolgt zu werden.

Loslassen bedeutet, Freiheit zu gewinnen

Das Loslassen ist nicht nur ein Akt des Verzichts, sondern auch ein Akt der Befreiung. Wenn wir lernen, Dinge und Gedanken loszulassen, schaffen wir Raum für neue Erfahrungen, neue Einsichten und neues Wachstum. Wir befreien uns von den Ketten der Vergangenheit und öffnen uns für das Potenzial der Zukunft.

Das Loslassen von Erwartungen

Ein wesentlicher Teil des Loslassens besteht darin, Erwartungen aufzugeben. Wir neigen dazu, unser Glück und unsere Zufriedenheit von äußeren Umständen und anderen Menschen abhängig zu machen. Das Loslassen bedeutet, diese Abhängigkeit zu durchbrechen und unser Glück in die eigene Hand zu nehmen.

Das Loslassen von Kontrolle

Ein weiterer wichtiger Aspekt des Loslassens ist das Loslassen der Kontrolle. Wir neigen dazu, alles in unserem Leben kontrollieren zu wollen, aber oft ist dies unmöglich. Das Loslassen bedeutet, zu akzeptieren, dass wir nicht alles steuern können, und den Fluss des Lebens anzunehmen.

Loslassen als Akt der Selbstliebe

Schließlich ist das Loslassen ein Akt der Selbstliebe. Wenn wir Dinge loslassen, die uns schaden oder uns nicht mehr dienen, zeigen wir uns selbst Respekt und Fürsorge. Wir erkennen, dass wir es wert sind, frei und glücklich zu sein.

In den folgenden Abschnitten werden wir tiefer in diese Aspekte des Loslassens eintauchen und Techniken erforschen, die Ihnen helfen können, das Loslassen in Ihrem eigenen Leben zu praktizieren. Das Loslassen mag auf den ersten Blick einfach erscheinen, aber es ist ein komplexer Prozess, der Zeit und Übung erfordert. Doch die Belohnungen, die das Loslassen mit sich bringt, sind es wert.

Die Psychologische Perspektive des Loslassens

Das Loslassen ist nicht nur ein Akt des äußeren Verzichts, sondern ein tiefer psychologischer Prozess, der unser Denken, unsere Emotionen und unser Verhalten stark beeinflusst. In diesem Abschnitt werden wir die psychologischen Aspekte des Loslassens vertiefen und die Komplexität dieses Prozesses genauer betrachten.

Die Bedeutung von Emotionen beim Loslassen

Emotionen spielen eine Schlüsselrolle beim Loslassen. Oftmals klammern wir uns an Dinge oder Menschen, weil sie starke emotionale Bindungen in uns auslösen. Sei es die Erinnerung an glückliche Zeiten in einer alten Beziehung oder die Angst vor dem Alleinsein, unsere Emotionen beeinflussen unser Verhalten stark. Das Loslassen erfordert daher eine bewusste Auseinandersetzung mit diesen Emotionen.

Das Loslassen von schmerzhaften Erinnerungen

Schmerzhafte Erinnerungen können uns lange begleiten und unser Wohlbefinden beeinträchtigen. Das Loslassen dieser Erinnerungen ist oft einfacher gesagt als getan. Psychologisch gesehen ist das Loslassen ein Prozess des Neubewertens und Umschreibens unserer Geschichte. Wir müssen lernen, wie wir die Vergangenheit in einem anderen Licht sehen können, um unsere inneren Wunden heilen zu können.

Die Rolle von Selbstwertgefühl und Selbstakzeptanz

Unser Selbstwertgefühl und unsere Selbstakzeptanz spielen ebenfalls eine große Rolle beim Loslassen. Manchmal klammern wir uns an Dinge oder Menschen aus einem Mangel an Selbstwertgefühl heraus. Wir glauben, dass wir es nicht verdienen, etwas Besseres zu haben, und halten an dem fest, was uns vertraut ist. Das Loslassen erfordert, dass wir unsere eigene Selbstachtung stärken und uns selbst als wertvoll betrachten.

Loslassen als Schritt zur Veränderung

Psychologisch betrachtet ist das Loslassen auch ein entscheidender Schritt zur persönlichen Veränderung. Wenn wir uns von alten Gewohnheiten, negativen Denkmustern oder ungesunden Beziehungen befreien, schaffen wir Raum für positive Veränderungen in unserem Leben. Dies kann ein Gefühl von Selbstwirksamkeit und Zufriedenheit stärken.

Die Bedeutung von Achtsamkeit beim Loslassen

Achtsamkeit, das bewusste Wahrnehmen des gegenwärtigen Moments, spielt eine entscheidende Rolle beim Loslassen. Es ermöglicht uns, uns unserer Gedanken und Emotionen bewusster zu sein und hilft uns, sie ohne Urteil zu beobachten. Dies ist ein entscheidender Schritt, um den Prozess des Loslassens zu meistern.

Die Komplexität der Veränderung

Psychologisch betrachtet ist der Akt des Loslassens ein grundlegender Bestandteil von Veränderungsprozessen. Veränderungen, sei es im persönlichen Leben oder in Beziehungen, erfordern oft das Loslassen von Gewohntem, um Platz für Neues zu schaffen. Die Psychologie der Veränderung betont die Schwierigkeit des Übergangs und die emotionale Achterbahn, die damit einhergehen kann.

Der Einfluss von Angst und Unsicherheit

Ängste und Unsicherheiten, die oft mit dem Loslassen einhergehen, können auf tiefe psychologische Wurzeln zurückgeführt werden. Die Angst vor dem Unbekannten oder die Unsicherheit über die Konsequenzen des Loslassens können starke emotionale Reaktionen auslösen. Das Verstehen dieser Ängste und ihre bewusste Bewältigung sind entscheidend, um den Loslassprozess zu meistern.

Der Selbstkonzept-Wandel

Psychologisch betrachtet, kann das Loslassen eine Veränderung des Selbstkonzepts erfordern. Wenn wir uns von einer langjährigen Identität, einer bestimmten Rolle oder einer Beziehung trennen, kann dies zu einer Neubewertung unserer Selbstwahrnehmung führen. Diese Neubewertung kann sowohl beängstigend als auch befreiend sein und erfordert oft eine psychische Anpassung.

Die Rolle von Widerstand und Selbstsabotage

Die Psychologie des Loslassens beleuchtet auch den inneren Widerstand und die Selbstsabotage, die auftreten können, wenn wir versuchen, Dinge loszulassen. Unsere Psyche kann subtil Wege finden, um uns am Loslassen zu hindern, sei es durch Prokrastination, Rationalisierung oder die Schaffung von Ablenkungen. Das Erkennen dieser Muster ist der erste Schritt zur Überwindung von Widerstand.

Die Verarbeitung von Verlust und Trauer

Das Loslassen geht oft mit Verlust und Trauer einher. Psychologisch betrachtet, ist die Trauer ein natürlicher Bestandteil des Loslassens. Es ist wichtig zu verstehen, dass Trauer ein gesunder und notwendiger Prozess ist, um den Verlust von etwas, sei es eine Beziehung oder eine Lebensphase, zu verarbeiten.

Die psychologische Perspektive auf das Loslassen ist komplex und vielschichtig. Es erfordert ein tiefes Verständnis unserer eigenen

Psyche und die Bereitschaft, uns mit unseren inneren Konflikten auseinanderzusetzen. In den nächsten Abschnitten werden wir praktische Techniken und Übungen erkunden, die Ihnen dabei helfen, diesen psychologischen Aspekt des Loslassens zu meistern.

In den kommenden Abschnitten dieses Kapitels werden wir uns mit psychologischen Techniken und Strategien beschäftigen, die Ihnen helfen, diese Herausforderungen zu bewältigen. Das Verständnis der psychologischen Aspekte des Loslassens kann Ihnen dabei helfen, den Prozess tiefer zu durchdringen und den Weg zu mehr innerer Freiheit und persönlichem Wachstum zu ebnen.

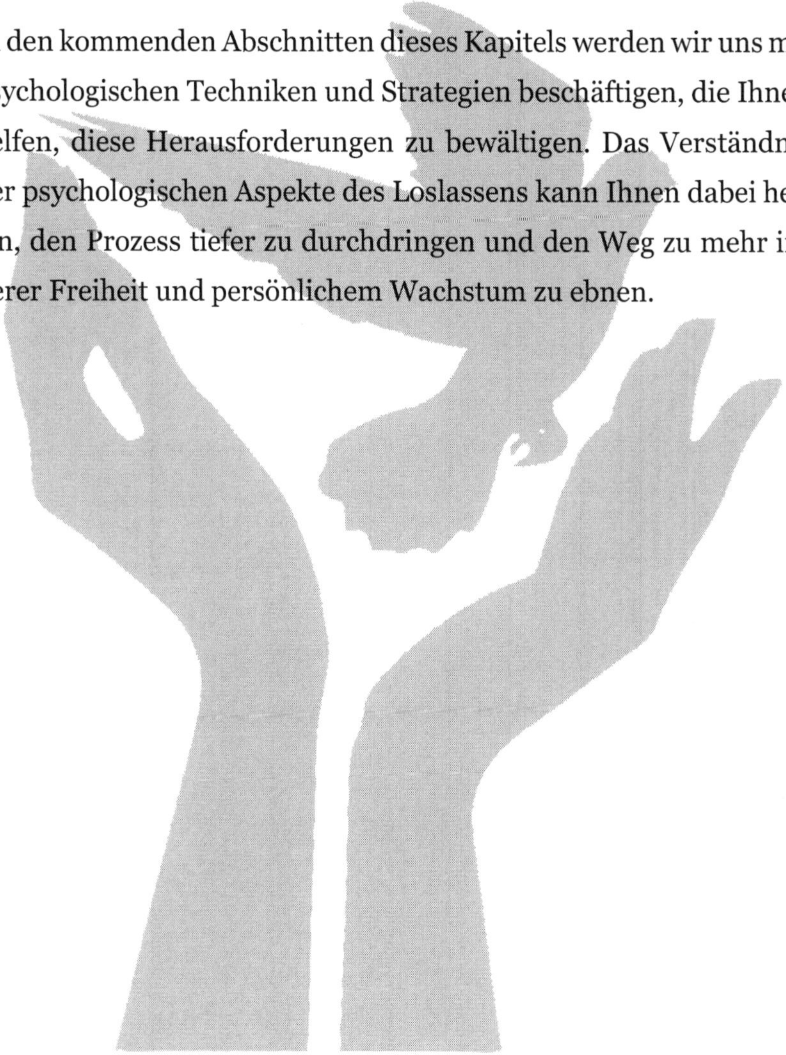

Die Physischen und Emotionalen Auswirkungen des Festhaltens

Das Festhalten an Dingen, Gedanken und Beziehungen hat nicht nur psychologische Auswirkungen, sondern zeigt sich auch in physischen und emotionalen Reaktionen. In diesem Abschnitt werden wir diese Auswirkungen näher betrachten und verstehen, wie das Festhalten uns beeinflusst.

Physische Auswirkungen des Festhaltens

1. **Stress und Spannung:** Das Festhalten an negativen Gedanken oder ungesunden Beziehungen kann Stress und körperliche Anspannung verursachen. Unser Körper reagiert auf inneren Konflikt oft mit physischen Symptomen wie Muskelverspannungen, Kopfschmerzen und Schlafproblemen.

2. **Gesundheitliche Probleme:** Langfristiges Festhalten kann zu gesundheitlichen Problemen führen. Stress und chronische Anspannung sind mit einer Vielzahl von gesundheitlichen Problemen verbunden, einschließlich Herz-Kreislauf-Erkrankungen und psychischen Störungen.

3. **Energieverlust:** Das Festhalten an Dingen oder Beziehungen, die uns nicht mehr dienen, kann zu einem erheblichen Energieverlust führen. Wir investieren unsere Zeit und Energie in etwas, das uns nicht glücklich macht, anstatt in das, was uns wirklich erfüllt.

4. **Gesundheitsprobleme:** Das Festhalten an stressigen oder toxischen Situationen kann ernsthafte gesundheitliche Probleme verursachen. Chronischer Stress, der mit dem

5. Festhalten an ungesunden Gedanken oder Beziehungen einhergeht, ist bekannt dafür, das Immunsystem zu schwächen und das Risiko für Herzkrankheiten, Bluthochdruck und andere gesundheitliche Beschwerden zu erhöhen.
6. **Schlafstörungen:** Das Grübeln und Festhalten an Sorgen kann zu Schlafproblemen führen. Menschen, die Schwierigkeiten haben, Dinge loszulassen, neigen dazu, nachts wachzuliegen und über Probleme zu grübeln, anstatt erholsamen Schlaf zu finden.
7. **Körperliche Anspannung:** Physische Anspannung ist eine häufige Reaktion auf das Festhalten. Verspannte Muskeln, vor allem im Nacken, Schultern und Rücken, sind oft die Folge von anhaltendem emotionalem Stress.
8. **Erschöpfung:** Der Versuch, Dinge oder Situationen zu kontrollieren oder festzuhalten, erfordert eine beträchtliche Menge an Energie. Dies kann zu Erschöpfung führen, da die ständige Anspannung und der Kampf gegen das Unvermeidliche auf Dauer kräftezehrend sind.

Emotionale Auswirkungen des Festhaltens

1. **Angst und Sorgen:** Festhalten führt oft zu Angst und Sorgen über die Zukunft. Wir machen uns Gedanken über das, was passieren könnte, wenn wir loslassen, und befürchten das Unbekannte.

2. **Ärger und Frustration:** Die Unfähigkeit, Dinge loszulassen, die uns frustrieren oder ärgern, kann zu chronischem Ärger führen. Wir ärgern uns darüber, dass wir nicht in der Lage sind, die Situation zu ändern, und dies verstärkt nur unsere Frustration.

3. **Depression:** Das Festhalten an schädlichen Gedanken oder Beziehungen kann zu Depressionen führen. Die Unfähigkeit, Freude zu empfinden oder einen Ausweg zu sehen, kann zu anhaltenden Gefühlen der Hoffnungslosigkeit führen.

4. **Geringes Selbstwertgefühl:** Menschen, die sich selbst nicht erlauben, loszulassen, entwickeln oft ein geringes Selbstwertgefühl. Sie zweifeln an ihren Fähigkeiten und ihrem Selbstwert, da sie glauben, dass sie nicht stark genug sind, um Veränderungen anzunehmen.

5. **Verlust von Lebensfreude:** Das Festhalten an schädlichen Gedanken oder Beziehungen kann dazu führen, dass wir dic Freude am Leben verlieren. Wir sind so damit beschäftigt, an Altem festzuhalten, dass wir die Schönheit und die Möglichkeiten, die uns umgeben, nicht mehr wahrnehmen können.

Es ist von entscheidender Bedeutung zu erkennen, dass das Festhalten nicht nur auf emotionaler Ebene schädlich ist, sondern auch erhebliche physische und gesundheitliche Auswirkungen haben kann. Das Festhalten an negativen Gedanken, schädlichen Mustern oder ungesunden Beziehungen kann zu einer schwerwiegenden Belastung für Körper und Seele werden. Die physischen und emotionalen Auswirkungen des Festhaltens sind vielfältig und schwerwiegend. Das Loslassen wird daher nicht nur aus psychologischer Sicht als befreiend angesehen, sondern es ist auch ein wesentlicher Akt der Selbstfürsorge. Das Erkennen dieser Auswirkungen und die Entscheidung, sich von dem zu befreien, was uns schadet, sind ein Akt der Liebe zu sich selbst und der Investition in die eigene Gesundheit und Lebensqualität.

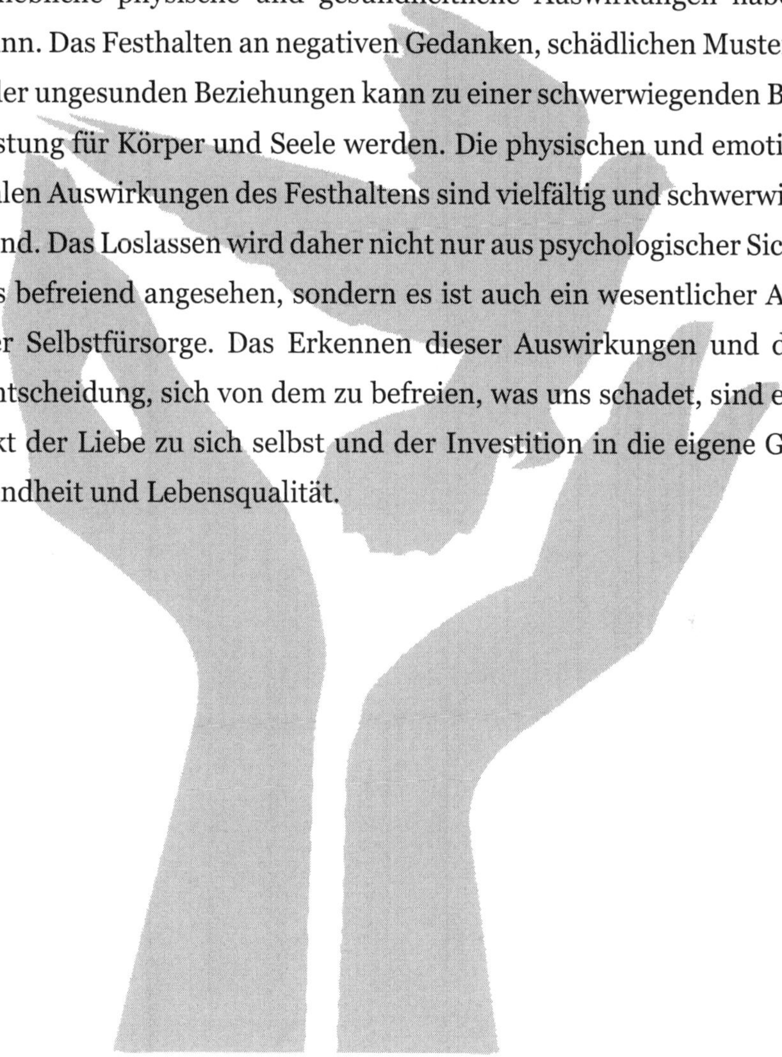

Gründe fürs Festhalten

Das Festhalten an Dingen, Gedanken und Beziehungen ist ein weit verbreitetes menschliches Verhalten. In diesem Kapitel werden wir uns vertieft mit den Gründen fürs Festhalten auseinandersetzen. Warum fällt es uns so schwer, loszulassen, selbst wenn wir wissen, dass es in unserem besten Interesse sein könnte? Die Antworten auf diese Frage liegen oft tiefer in unserer Psyche und in unseren Lebenserfahrungen verborgen.

In den folgenden Abschnitten werden wir die vielfältigen Gründe fürs Festhalten erkunden, angefangen bei emotionalen Bindungen und Ängsten bis hin zu gesellschaftlichen Erwartungen und persönlichen Überzeugungen. Wir werden verstehen, wie diese Gründe unser Verhalten beeinflussen und welche Herausforderungen sie beim Loslassen darstellen.

Die Kenntnis dieser Gründe ist der Schlüssel zum Verständnis des Loslassens. Sie ermöglicht es uns, die Wurzeln unserer Festhaltetendenzen zu erkennen und den Prozess des Loslassens besser zu bewältigen. Das Verstehen der Gründe fürs Festhalten ist der erste Schritt auf dem Weg zu mehr innerer Freiheit und persönlichem Wachstum.

Teil 1: Ängste und Unsicherheiten

Einer der Hauptgründe, warum wir oft an Dingen, Gedanken und Beziehungen festhalten, sind unsere Ängste und Unsicherheiten. Diese emotionalen Reaktionen können uns lähmen und den Prozess des Loslassens erheblich erschweren. In diesem Abschnitt werden wir die verschiedenen Ängste und Unsicherheiten betrachten, die das Festhalten auslösen können.

Die Angst vor dem Unbekannten: Ein tiefer Blick

Eine der tiefgreifendsten und allgegenwärtigsten Ängste, die uns vom Loslassen abhält, ist die Angst vor dem Unbekannten. Dies ist eine grundlegende menschliche Emotion, die tief in unserer Psyche verankert ist. Das Festhalten an Bekanntem, selbst wenn es uns schadet, fühlt sich oft sicherer an, als in die ungewisse Dunkelheit des Neuen zu treten. Diese Angst vor dem Unbekannten hat viele Gesichter und kann in verschiedenen Lebensbereichen auftreten.

Beispiel: Der toxische Job

Nehmen wir an, jemand arbeitet in einem Job, der ihn tief unglücklich macht. Die Arbeit ist stressig, die Kollegen sind unausstehlich, und der tägliche Gang ins Büro fühlt sich an wie ein Gang in die Hölle. Die Person hat jedoch seit vielen Jahren denselben Job, verdient gutes Geld und fürchtet das, was außerhalb dieser beruflichen Komfortzone liegen könnte.

Die Angst vor dem Unbekannten tritt hier in Form einer zentralen Frage auf: "Was kommt nach dem Loslassen des Jobs?" Die Person hat keine klare Vorstellung davon, was die Zukunft bringen könnte. Wird der nächste Job genauso stressig sein? Werden die Einkünfte ähnlich sein, oder wird es finanzielle Unsicherheit geben? Die

Furcht vor diesen Unwägbarkeiten und der Unsicherheit über die zukünftigen Konsequenzen hindert die Person daran, den ungeliebten Job aufzugeben.

Das Festhalten an diesem toxischen Job, obwohl er unglücklich macht, wird durch die scheinbare Sicherheit und die vertraute Routine gerechtfertigt. Das Loslassen, auch wenn es die Möglichkeit auf ein besseres berufliches Leben birgt, ist beängstigend, da es den Sprung ins Unbekannte erfordert. Diese Angst vor der Ungewissheit hält die Person in einer destruktiven Situation gefangen.

Diese Angst vor dem Unbekannten kann sich in verschiedenen Lebensbereichen manifestieren, sei es in Beziehungen, beruflichen Entscheidungen oder persönlichen Veränderungen. Oftmals ist es diese Angst, die uns davor zurückschrecken lässt, notwendige Schritte für unser eigenes Wohl zu unternehmen.

Die Angst vor Verlust: Eine tiefe Einschränkung

Eine weitere mächtige Emotion, die uns davon abhält, Dinge loszulassen, ist die Angst vor Verlust. Diese Angst kann in verschiedenen Formen auftreten und uns daran hindern, notwendige Veränderungen vorzunehmen, selbst wenn wir erkennen, dass das Festhalten uns schadet. Die Angst vor Verlust bezieht sich nicht nur auf den physischen Verlust von Besitztümern oder Menschen, sondern auch auf den Verlust von sozialen Status, Identität und sogar Selbstwert.

Beispiel: Die toxische Beziehung

Angenommen, jemand ist in einer toxischen Beziehung gefangen. Die Beziehung ist von Konflikten, Missbrauch oder mangelnder Unterstützung geprägt, und die Person leidet innerlich darunter. Sie erkennt, dass die Beziehung sie unglücklich und ungesund macht, doch die Angst vor Verlust hält sie zurück.

Die Angst vor Verlust kann sich in diesem Fall auf verschiedene Weisen manifestieren:

1. **Die Angst vor dem Verlust des Partners:** Die Person fürchtet, dass sie nach dem Loslassen der Beziehung allein sein wird und das Gefühl hat, eine wichtige Bindung zu verlieren. Diese Angst kann dazu führen, dass sie an einer Beziehung festhält, die ihr eigentlich schadet.

2. **Die Angst vor dem Verlust sozialen Status:** In einigen Fällen sind Menschen in Beziehungen gefangen, die gesellschaftlich angesehen oder vorteilhaft sind. Der Gedanke an den Verlust des sozialen Status, der mit dieser Beziehung verbunden ist, kann lähmend sein.

3. **Die Angst vor dem Verlust der Identität:** In langjährigen Beziehungen kann die Identität eng mit der Partnerschaft verknüpft sein. Die Vorstellung, diese Identität aufzugeben und sich selbst neu definieren zu müssen, kann äußerst beängstigend sein.

4. **Die Angst vor dem Verlust des Selbstwerts:** Ein weiterer Aspekt der Angst vor Verlust betrifft das Selbstwertgefühl. Manche Menschen befürchten, dass das Ende einer Beziehung bedeuten könnte, dass sie ungeliebt oder

5. unattraktiv sind. Diese Angst vor dem Verlust des Selbstwerts kann sie dazu bringen, in destruktiven Beziehungen zu verharren.

Die Angst vor Verlust ist eine komplexe und mächtige Emotion, die uns dazu bringen kann, an schädlichen Situationen festzuhalten. Diese Angst erzeugt ein Dilemma zwischen dem Wunsch nach Veränderung und dem Schutz vor dem Verlust von etwas, das uns vertraut ist. Das Festhalten aus Angst vor Verlust kann uns jedoch langfristig mehr kosten, als wir zu gewinnen hoffen.

Die Angst vor dem Scheitern: Ein lähmendes Hindernis

Die Angst vor dem Scheitern ist eine weitere mächtige Emotion, die uns davon abhält, Dinge loszulassen. Diese Angst kann uns lähmen und in ungesunden Mustern gefangen halten, selbst wenn wir erkennen, dass diese Muster uns schaden. Die Furcht vor dem Scheitern kann in vielen Lebensbereichen auftreten, sei es in Beziehungen, im Beruf oder in persönlichen Bestrebungen.

Beispiel: Die gefangen Beziehung

Angenommen, jemand steckt in einer ungesunden Beziehung fest. Die Beziehung ist von Streitigkeiten und Konflikten geprägt, und beide Partner sind unglücklich. Die Person, die erkennt, dass die Beziehung sie emotional erschöpft und sie nicht länger erfüllt, hat dennoch Angst davor, den Schritt zu tun und die Beziehung zu beenden.

Die Angst vor dem Scheitern kann sich in diesem Fall auf verschiedene Weisen manifestieren:

1. **Die Angst vor dem Scheitern in der Partnerschaft:** Die Person befürchtet, dass das Ende der Beziehung als persönliches Versagen interpretiert werden könnte. Sie sorgt sich um die Meinung anderer und hat Angst davor, als gescheitert oder unfähig angesehen zu werden.

2. **Die Angst vor dem Scheitern in der Liebe:** Es besteht die Befürchtung, dass das Ende der aktuellen Beziehung bedeuten könnte, dass sie nie wieder die Liebe oder Zuneigung eines anderen Menschen erfahren wird. Diese Angst vor dem Scheitern in der Liebe kann dazu führen, dass man in einer unglücklichen Beziehung verharrt.

3. **Die Angst vor dem Scheitern in der Entscheidungsfindung:** Der Gedanke, die Beziehung zu beenden, erfordert eine mutige Entscheidung. Die Person hat Angst davor, die falsche Entscheidung zu treffen und möglicherweise zu bereuen, was sie verloren hat.

4. **Die Angst vor dem Scheitern in der Selbstbeurteilung:** Ein weiterer Aspekt der Angst vor dem Scheitern betrifft die Selbstbeurteilung. Die Person sorgt sich, dass das Scheitern in der Beziehung darauf hindeuten könnte, dass sie in zwischenmenschlichen Beziehungen unzulänglich ist. Dies kann zu einem geringen Selbstwertgefühl führen und sie daran hindern, notwendige Veränderungen vorzunehmen.

Die Angst vor dem Scheitern ist eine komplexe Emotion, die uns in destruktiven Mustern festhalten lassen kann. Sie erzeugt eine innere Blockade und hindert uns daran, notwendige Schritte für unser eigenes Wohl zu unternehmen. Obwohl die Angst vor dem Scheitern eine natürliche Reaktion auf Unsicherheit ist, ist es wichtig zu erkennen, dass das Festhalten an destruktiven Mustern und Beziehungen auf lange Sicht oft schädlicher ist als das Risiko, das mit dem Scheitern verbunden ist.

Die Angst vor Einsamkeit: Eine gefesselte Seele

Die Angst vor Einsamkeit ist eine mächtige Emotion, die uns oft davon abhält, Dinge loszulassen, selbst wenn wir erkennen, dass sie uns schaden. Diese Angst kann uns in ungesunden Beziehungen, beruflichen Situationen oder persönlichen Mustern gefangen halten, da wir fürchten, dass das Loslassen zu einer unerträglichen Einsamkeit führen könnte.

Beispiel: Die toxische Freundschaft

Nehmen wir an, jemand hat seit Jahren eine enge Freundschaft, die jedoch toxisch geworden ist. Die Freundschaft ist von Streitigkeiten, negativer Energie und einem Mangel an Unterstützung geprägt, und die Person leidet innerlich darunter. Sie erkennt, dass die Freundschaft sie unglücklich macht, zögert jedoch, sie zu beenden, aus Angst vor der Einsamkeit.

Die Angst vor Einsamkeit kann sich in diesem Fall auf verschiedene Weisen manifestieren:

1. **Die Angst vor dem Verlust des sozialen Kreises:** Die Person fürchtet, dass das Ende der Freundschaft bedeuten könnte, von einem sozialen Kreis ausgeschlossen zu werden. Sie sorgt sich um die Einsamkeit, die mit dem Verlust dieser sozialen Verbindung einhergehen könnte.
2. **Die Angst vor dem Verlust emotionaler Unterstützung:** Die Freundschaft mag destruktiv sein, aber sie bietet immer noch eine gewisse emotionale Unterstützung. Die Person hat Angst davor, diese Unterstützung zu verlieren und sich allein und unverstanden zu fühlen.
3. **Die Angst vor dem Mangel an Freizeitbeschäftigungen:** Die Freundschaft füllt einen Großteil der Freizeit aus, und die Person sorgt sich darüber, wie sie die Zeit nach dem Loslassen der Freundschaft gestalten soll. Die Vorstellung von Langeweile oder Einsamkeit in der Freizeit kann lähmend sein.
4. **Die Angst vor dem Verlust von Identität:** In einigen Fällen ist die eigene Identität stark mit der Freundschaft verflochten. Die Vorstellung, sich selbst neu definieren zu müssen und nicht mehr Teil dieser Freundschaft zu sein, kann äußerst beängstigend sein.

Die Angst vor Einsamkeit kann Menschen dazu bringen, in ungesunden Situationen zu verharren, da sie die Vorstellung, allein zu sein, fürchten. Diese Angst kann lähmend sein und verhindern, dass notwendige Veränderungen für das eigene Wohl vorgenommen werden.

Die Unsicherheit über die Zukunft: Der gefangene Blick nach vorn

Die Unsicherheit über die Zukunft ist eine bedeutende Hürde, die uns oft am Loslassen hindert. Diese Art von Unsicherheit kann in vielen Lebensbereichen auftreten, sei es in Beziehungen, beruflichen Entscheidungen oder persönlichen Veränderungen. Die Vorstellung, sich auf das Unbekannte einzulassen und sich mit den unbekannten Herausforderungen der Zukunft auseinanderzusetzen, kann lähmend sein.

Beispiel: Die berufliche Veränderung

Stellen wir uns vor, jemand denkt darüber nach, eine berufliche Veränderung vorzunehmen. Die derzeitige Arbeitssituation ist unbefriedigend und erfüllt die beruflichen Ambitionen nicht. Doch die Unsicherheit über die Zukunft hält die Person zurück.

Die Unsicherheit über die Zukunft kann sich in diesem Fall auf verschiedene Weisen manifestieren:

1. **Die Angst vor finanzieller Instabilität:** Die Person fürchtet, dass die neue berufliche Richtung nicht die finanzielle Sicherheit bietet, die die aktuelle Arbeit bietet. Die Unsicherheit über das Einkommen und die Fähigkeit, den

2. Lebensunterhalt zu bestreiten, kann äußerst beängstigend sein.

3. **Die Angst vor der Qualifikation und Kompetenz:** Die Person ist unsicher, ob sie die erforderlichen Fähigkeiten und Qualifikationen für den neuen Karriereweg besitzt. Die Vorstellung, in einem neuen Umfeld möglicherweise nicht erfolgreich zu sein, kann lähmend sein.

4. **Die Angst vor sozialer Isolation:** Eine berufliche Veränderung kann bedeuten, dass die Person sich in einem neuen sozialen Umfeld zurechtfinden muss. Die Vorstellung, neue Kollegen und Vorgesetzte kennenzulernen und sich zu beweisen, kann Unsicherheit und soziale Ängste auslösen.

5. **Die Unsicherheit über die Lebensqualität:** Die Person sorgt sich darüber, wie sich die berufliche Veränderung auf die Lebensqualität auswirken wird. Die Unsicherheit darüber, ob die Veränderung zu mehr Zufriedenheit oder noch mehr Unzufriedenheit führen wird, kann lähmend sein.

Die Unsicherheit über die Zukunft ist eine komplexe und zermürbende Emotion, die uns oft in ungesunden Situationen festhält. Sie erzeugt ein Dilemma zwischen dem Wunsch nach Veränderung und der Furcht vor den Unwägbarkeiten, die die Zukunft mit sich bringt. Doch das Festhalten aus Angst vor der Zukunft kann uns in destruktiven Mustern gefangen halten und verhindern, dass wir unser volles Potenzial entfalten.

Die Ängste und Unsicherheiten, die das Festhalten in ungesunden Mustern und Beziehungen begleiten, sind allgegenwärtige und mächtige Emotionen. Die Angst vor dem Unbekannten, der Verlustangst, der Angst vor dem Scheitern und der Angst vor Einsamkeit sowie die Unsicherheit über die Zukunft sind emotionale Barrieren, die uns daran hindern, notwendige Veränderungen vorzunehmen und uns selbst weiterzuentwickeln. Diese Ängste und Unsicherheiten sind verständlich, aber sie können uns auch lähmen und daran hindern, unser volles Potenzial zu entfalten.

Der Weg des Loslassens erfordert die Auseinandersetzung mit diesen Emotionen, die oft tief verwurzelt und schwer zu überwinden sind. Doch es ist entscheidend zu verstehen, dass das Festhalten aus Angst vor diesen Emotionen oft mehr kostet, als es gewinnt. Die nächste Etappe unserer Reise wird uns dazu führen, einen tieferen Einblick in die Welt der emotionalen Bindungen zu werfen und zu erkunden, wie sie uns formen, festhalten und schließlich befreien können.

Teil 2: Emotionale Bindungen: Die Grundlage unseres Lebens

Emotionale Bindungen sind das Herzstück unserer Existenz. Sie durchziehen unser Leben, beeinflussen unsere Entscheidungen und prägen unsere Identität. Unsere Beziehungen zu Menschen, Orten und Dingen sind ein Spiegelbild unserer tiefsten Sehnsüchte, Hoffnungen und Ängste. Sie sind die Fäden, die uns mit der Welt verknüpfen und unseren Weg gestalten.

Emotionale Bindungen reichen von den starken Banden zu unseren Familien und engsten Freunden bis zu den weniger offensichtlichen Verbindungen zu unserer Arbeit, unserer Heimat oder sogar zu materiellen Besitztümern. Sie sind der Kitt, der unsere soziale Struktur zusammenhält und uns in Zeiten der Freude, des Schmerzes und der Veränderung stützt.

In diesem Abschnitt werden wir die verschiedenen Facetten emotionaler Bindungen erkunden. Wir werden verstehen, wie sie entstehen, wie sie uns beeinflussen und wie sie sowohl als Schutzschild als auch als Fesseln dienen können. Insbesondere werden wir uns auf die Herausforderung des Loslassens innerhalb dieses komplexen Gewebes von Beziehungen konzentrieren und erkunden, wie wir uns von destruktiven Bindungen befreien können, um ein erfüllteres und freieres Leben zu führen.

Doch während wir in die Tiefen der emotionalen Bindungen eintauchen, sollten wir nicht vergessen, dass sie auch die Quelle von Trost und Liebe sind. Sie verleihen unserem Leben Bedeutung und schenken uns unvergessliche Momente des Glücks. Die Kunst des Loslassens, die wir in diesem Buch erforschen werden, ermöglicht es uns, die Balance zwischen Anhaften und Befreien zu finden und unsere emotionalen Bindungen auf eine gesündere und erfüllendere Weise zu gestalten.

Unser Leben ist durchzogen von emotionalen Bindungen, die uns mit anderen Menschen, Orten und Dingen verknüpfen. Diese Bindungen formen unsere Erfahrungen, beeinflussen unsere Entscheidungen und prägen unsere Identität. Sie sind das Herzstück unserer Existenz und spielen eine zentrale Rolle in unserer Reise des Loslassens.

Emotionale Bindungen können auf vielfältige Weisen entstehen. Sie entfalten sich oft durch gemeinsame Erlebnisse, geteilte Werte und eine kontinuierliche, emotionale Verbindung. Lassen Sie uns einige Beispiele betrachten:

1. **Die Familienbindung:** Die Beziehung zwischen Eltern und Kindern ist eine der tiefsten und frühesten emotionalen Bindungen, die wir erleben. Sie basiert auf Liebe, Fürsorge und Schutz. Diese Bindung prägt oft, wie wir uns in späteren Beziehungen verhalten.

2. **Die Freundschaftsbildung:** Freundschaften sind eine wichtige Form emotionaler Bindungen. Sie entstehen aus gemeinsamen Interessen, Vertrauen und Unterstützung. Diese Bindungen können ein Leben lang Bestand haben und sind oft Quellen von Trost und Freude.

3. **Die Bindung an den Arbeitsplatz:** Unsere Arbeit kann eine starke emotionale Bindung darstellen. Es kann eine Bindung an die Kollegen, das Arbeitsumfeld oder an die Identität, die wir durch unsere berufliche Rolle gewinnen.

4. **Die Bindung an einen Ort:** Ein Ort, an dem wir aufgewachsen sind oder an dem wir bedeutende Lebensereignisse erlebt haben, kann eine starke emotionale Bindung auslösen. Er kann ein Gefühl von Heimat und Verbundenheit vermitteln.

5. **Die Bindung an Erinnerungen und Gegenstände:** Erbstücke, Souvenirs oder persönliche Gegenstände können emotionale Bindungen repräsentieren. Sie erinnern uns an wichtige Momente und geliebte Menschen.

Diese emotionalen Bindungen sind nicht nur Quellen von Glück und Trost, sondern sie können uns auch in Zeiten des Wandels und des Loslassens herausfordern. Das Festhalten an destruktiven Bindungen kann dazu führen, dass wir in alten Mustern gefangen bleiben und uns daran hindern, notwendige Veränderungen vorzunehmen.

Jedoch sind sie nicht nur passive Fäden, die unser Leben durchziehen, sondern aktive Kräfte, die uns auf subtile, jedoch tiefgreifende Weisen beeinflussen. Diese Bindungen hinterlassen Spuren in unserer Psyche, formen unsere Entscheidungen, beeinflussen unser Verhalten und beeinträchtigen unsere Lebensqualität. Lassen Sie uns genauer betrachten, wie emotionale Bindungen uns in verschiedenen Aspekten unseres Lebens beeinflussen:

1. Entscheidungsfindung: Emotionale Bindungen haben einen erheblichen Einfluss auf unsere Entscheidungsprozesse. Sie können unser Urteilsvermögen trüben, indem sie unsere Vorlieben und Abneigungen aufgrund früherer Erfahrungen und Beziehungen beeinflussen. Zum Beispiel könnte die enge Bindung zu einem Ort oder einer bestimmten Lebensweise die Entscheidung, beruflich oder geografisch zu wechseln, erschweren.

2. Selbstbild und Identität: Unsere emotionalen Bindungen prägen unser Selbstbild und unsere Identität. Die Beziehung zu unseren Eltern, Freunden oder Partnern kann unsere Vorstellungen darüber, wer wir sind und was wir im Leben erreichen können, beeinflussen. Positive Bindungen fördern ein gesundes Selbstwertgefühl, während toxische Bindungen unser Selbstvertrauen untergraben können.

3. Verhaltensmuster: Unsere emotionalen Bindungen können auch unsere Verhaltensmuster festlegen. Wenn wir in unserer Kindheit starke Bindungen erleben, die von Sicherheit und Liebe geprägt sind, sind wir eher dazu geneigt, in späteren Beziehungen und Situationen Vertrauen zu schenken. Andererseits können traumatische Bindungen zu Misstrauen und einem Mangel an Nähe führen.

4. Lebensziele und Prioritäten: Unsere emotionalen Bindungen beeinflussen unsere Lebensziele und Prioritäten. Die Bindung an eine Familie kann dazu führen, dass die Priorität auf familiären Beziehungen liegt, während die Bindung an beruflichen Erfolg die Karriere in den Vordergrund stellt. Diese Prioritäten beeinflussen, wie wir unsere Zeit und Energie investieren.

5. Lebenszufriedenheit: Unsere emotionalen Bindungen spielen eine entscheidende Rolle bei der Bestimmung unserer Lebenszufriedenheit. Positive Beziehungen können Quellen von Freude und Erfüllung sein, während toxische Bindungen Stress und

Unzufriedenheit erzeugen. Unser Wohlstand hängt daher oft von der Qualität unserer Bindungen ab.

Es ist wichtig zu erkennen, dass emotionale Bindungen nicht zwangsläufig positiv oder negativ sind. Sie können uns stärken, unterstützen und bereichern, aber sie können auch toxisch, einschränkend und schädlich sein. Daher ist es entscheidend, ein Bewusstsein für unsere Bindungen zu entwickeln und zu lernen, wie wir gesunde Bindungen fördern und destruktive Bindungen loslassen können.

Gesellschaftliche und Kulturelle Einflüsse auf Emotionale Bindungen

Emotionale Bindungen werden nicht nur von individuellen Erfahrungen geformt, sondern auch von gesellschaftlichen und kulturellen Einflüssen. Diese Kräfte wirken im Hintergrund und beeinflussen, wie wir Beziehungen eingehen, aufrechterhalten und beenden. Lassen Sie uns einen Blick darauf werfen, wie unsere Gesellschaft und Kultur emotionale Bindungen gestalten:

Gesellschaftliche Normen und Erwartungen in Bezug auf Emotionale Bindungen

Gesellschaftliche Normen und Erwartungen spielen eine bedeutende Rolle bei der Gestaltung unserer emotionalen Bindungen. Diese Normen sind sozial akzeptierte Verhaltensmuster und Werte, die in einer Gesellschaft oder Kultur weit verbreitet sind. Sie beeinflussen, wie Beziehungen eingegangen, gepflegt und beendet werden. Hier sind einige wichtige Aspekte gesellschaftlicher Normen und Erwartungen in Bezug auf emotionale Bindungen:

1. Vorstellungen von romantischer Liebe: In vielen Kulturen gibt es starke Vorstellungen von romantischer Liebe als idealer Form von Beziehung. Diese Vorstellungen können dazu führen, dass Menschen bestimmte Erwartungen an ihre Partner und Beziehungen haben, die oft von Medien und kulturellen Narrativen geprägt sind.

Beispiel: In einigen Gesellschaften wird erwartet, dass romantische Beziehungen von Leidenschaft und ewiger Liebe geprägt sind. Dies kann dazu führen, dass Menschen Beziehungen aufrechterhalten, auch wenn sie ungesund oder toxisch sind, weil sie glauben, dass wahre Liebe alle Hindernisse überwinden sollte.

2. Familienbindung und Traditionen: In vielen Kulturen werden familiäre Bindungen und Traditionen stark betont. Es wird erwartet, dass Familienmitglieder sich umeinander kümmern und bestimmte Traditionen aufrechterhalten.

Beispiel: In einigen Kulturen ist es üblich, dass erwachsene Kinder für ihre älteren Eltern sorgen. Dies kann zu starken familiären Bindungen führen und dazu führen, dass Menschen ihre eigenen Bedürfnisse und Wünsche zurückstellen, um diesen Erwartungen gerecht zu werden.

3. Geschlechterrollen: Gesellschaftliche Normen und Erwartungen bezüglich Geschlechterrollen beeinflussen, wie Beziehungen gestaltet werden. In einigen Kulturen wird von Männern und Frauen erwartet, dass sie unterschiedliche Rollen in Beziehungen einnehmen.

Beispiel: In traditionellen Gesellschaften können Frauen die Hauptverantwortung für die Hausarbeit und die Kindererziehung tragen, während Männer als Hauptverdiener fungieren. Dies kann zu bestimmten Erwartungen und Dynamiken in Beziehungen führen.

4. Akzeptanz und Toleranz: Die gesellschaftliche Akzeptanz von bestimmten Beziehungsformen oder sexuellen Orientierungen kann die Art und Weise beeinflussen, wie Menschen ihre Beziehungen leben und gestalten.

Beispiel: In einigen Kulturen gibt es eine starke Stigmatisierung von nicht-heterosexuellen Beziehungen. Menschen, die sich in solchen Beziehungen befinden, könnten Schwierigkeiten haben, ihre Bindungen öffentlich zu leben oder offen zu akzeptieren.

Rollen und Identitäten in Bezug auf Emotionale Bindungen

Gesellschaftliche Normen und Erwartungen beeinflussen nicht nur, wie wir emotionale Bindungen eingehen, sondern auch, wie wir unsere Rollen und Identitäten in diesen Beziehungen definieren. Hier sind einige wichtige Aspekte in Bezug auf Rollen und Identitäten, die durch gesellschaftliche Einflüsse geprägt werden:

1. Geschlechterrollen und Beziehungen: Gesellschaften haben oft klare Vorstellungen davon, welche Rollen Männer und Frauen in Beziehungen spielen sollten. Diese Geschlechterrollen beeinflussen, wie sich Menschen in emotionalen Bindungen verhalten.

Beispiel: In einigen Kulturen wird erwartet, dass Männer die Hauptverdiener sind und Frauen die Hauptverantwortung für die Hausarbeit und die Kindererziehung tragen. Dies kann dazu führen, dass sich Menschen in diesen Rollen gefangen fühlen und es schwer haben, außerhalb dieser Erwartungen zu agieren.

2. Kulturelle Identitäten und Bindungen: Die kulturelle Zugehörigkeit kann die Art und Weise beeinflussen, wie Menschen ihre Identität und ihre Bindungen definieren. Kulturelle Werte und Normen können die Erwartungen an das Verhalten in Beziehungen formen.

Beispiel: In konservativen kulturellen Umgebungen kann die kulturelle Identität stark mit traditionellen Werten und Normen verbunden sein. Dies kann dazu führen, dass Menschen ihre Bindungen in Übereinstimmung mit diesen Werten gestalten, selbst wenn sie persönlich andere Vorstellungen haben.

3. Eltern-Kind-Beziehungen: Die gesellschaftlichen Erwartungen an Eltern und Kinder können die Rollen in diesen Beziehungen definieren. Kinder können von ihren Eltern erwarten, dass sie Schutz und Unterstützung bieten, während Eltern die Verantwortung für die Erziehung und Versorgung ihrer Kinder tragen.

Beispiel: In vielen Kulturen wird von Eltern erwartet, dass sie ihre Kinder unterstützen und für deren Bildung sorgen. Dies kann zu starken elterlichen Bindungen führen und dazu führen, dass Kinder sich in der Pflicht sehen, für ihre Eltern zu sorgen, wenn sie älter werden.

4. Gesellschaftliche Erwartungen und Beziehungsdynamiken: Gesellschaftliche Normen und Erwartungen beeinflussen auch die Dynamiken in Beziehungen. Menschen können dazu neigen, bestimmte Verhaltensweisen in Übereinstimmung mit den Erwartungen ihrer Gemeinschaft aufrechtzuerhalten.

Beispiel: In manchen Kulturen wird erwartet, dass Ehepartner Konflikte innerhalb der Familie behalten und keine öffentlichen Konfrontationen zulassen. Dies kann dazu führen, dass Menschen Konflikte unterdrücken, um den sozialen Erwartungen zu entsprechen.

Diese Rollen und Identitäten, die von gesellschaftlichen und kulturellen Einflüssen geformt werden, können eine bedeutende Rolle bei der Gestaltung von emotionalen Bindungen spielen. Sie können das Verhalten und die Entscheidungen in Beziehungen beeinflussen und es erschweren, von destruktiven Bindungen loszulassen, die den gesellschaftlichen Erwartungen entsprechen, aber ungesund sind.

Soziale Unterstützungssysteme und Emotionale Bindungen

Soziale Unterstützungssysteme sind eine entscheidende Komponente unseres Lebens und unserer emotionalen Bindungen. Diese Systeme, die aus Familie, Freunden, Gemeinschaften und anderen sozialen Beziehungen bestehen, beeinflussen, wie wir Bindungen gestalten und erleben. Hier sind einige wichtige Aspekte in Bezug auf soziale Unterstützungssysteme und emotionale Bindungen:

1. Familie als soziales Unterstützungssystem: Die Familie ist oft der grundlegende Baustein sozialer Unterstützungssysteme. Sie bietet emotionale Unterstützung, Sicherheit und die Möglichkeit, Bindungen zu entwickeln.

Beispiel: In vielen Kulturen wird von Familien erwartet, dass sie in Zeiten der Not und des Bedarfs füreinander sorgen. Dies kann zu starken familiären Bindungen führen und die Fähigkeit der Einzelnen zur Bewältigung von Schwierigkeiten beeinflussen.

2. Freundschaften und enge Beziehungen: Freundschaften und enge Beziehungen sind ebenfalls wichtige soziale Unterstützungssysteme. Sie bieten emotionale Unterstützung, Verständnis und die Möglichkeit, sich in Zeiten der Freude und des Kummers auszutauschen.

Beispiel: Freunde können in schweren Zeiten als emotionale Stütze dienen und dazu beitragen, die Herausforderungen des Lebens zu bewältigen. Sie können auch eine wichtige Rolle bei der Erweiterung des sozialen Netzwerks spielen.

3. Gemeinschaft und soziale Netzwerke: Die Zugehörigkeit zu einer Gemeinschaft oder einem sozialen Netzwerk bietet weitere Formen der sozialen Unterstützung. Diese Systeme können Sicherheit, Zugehörigkeit und die Möglichkeit bieten, gemeinsame Interessen zu teilen.

Beispiel: Die Zugehörigkeit zu ciner religiösen Gemeinschaft kann eine Quelle von Trost und Unterstützung sein. Gemeinsame religiöse Rituale und Veranstaltungen können die emotionalen Bindungen innerhalb der Gemeinschaft stärken.

4. Externe professionelle Unterstützung: Professionelle Unterstützungssysteme wie Therapeuten, Berater und soziale Dienste sind oft notwendig, um Menschen in schwierigen Lebenssituationen zu helfen. Diese Unterstützungssysteme können die Qualität und den Verlauf von emotionalen Bindungen beeinflussen.

Beispiel: Wenn eine Familie in einer Krise ist, kann die Unterstützung eines Familientherapeuten dazu beitragen, die Kommunikation und die emotionalen Bindungen innerhalb der Familie zu verbessern.

Die Art und Qualität unserer sozialen Unterstützungssysteme haben einen erheblichen Einfluss auf die Art und Weise, wie wir Beziehungen eingehen und wie wir mit Bindungen umgehen. Ein starkes Unterstützungsnetzwerk kann dazu beitragen, dass Menschen gesündere und unterstützende Bindungen entwickeln, während ein Mangel an sozialer Unterstützung das Risiko von destruktiven Bindungen erhöhen kann.

Kulturelle Werte und Normen in Bezug auf Emotionale Bindungen

Kulturelle Werte und Normen spielen eine entscheidende Rolle bei der Gestaltung unserer emotionalen Bindungen. Diese Werte und Normen sind die Grundlagen, auf denen Beziehungen aufgebaut und interpretiert werden. Hier sind einige wichtige Aspekte in Bezug auf kulturelle Werte und Normen und ihre Auswirkungen auf emotionale Bindungen:

1. Definitionen von Nähe und Verbundenheit: Kulturelle Werte und Normen beeinflussen, wie Nähe und Verbundenheit in Beziehungen definiert werden. In einigen Kulturen liegt der

Schwerpunkt auf Unabhängigkeit und Autonomie, während in anderen die Betonung auf kollektiver Verbundenheit und Abhängigkeit liegt.

Beispiel: In westlichen Kulturen wird oft Individualismus gefördert, wodurch Menschen dazu ermutigt werden, ihre Unabhängigkeit zu betonen und ihre eigenen Bedürfnisse in den Vordergrund zu stellen. In Gegensatz dazu wird in einigen asiatischen Kulturen die Gemeinschaft und die familiäre Verbundenheit als äußerst wichtig angesehen, wodurch individuelle Bedürfnisse oft in den Hintergrund treten.

2. Beziehungshierarchien: Kulturelle Werte und Normen beeinflussen auch die Hierarchien in Beziehungen. In einigen Kulturen können Beziehungen von klaren Hierarchien und Autoritätsstrukturen geprägt sein.

Beispiel: In einigen traditionellen Kulturen werden ältere Familienmitglieder oder Personen mit höherem sozialen Status oft mit Respekt und Gehorsam behandelt. Dies kann die Dynamik in diesen Beziehungen stark beeinflussen.

3. Ehe und Partnerschaft: Die Vorstellungen von Ehe und Partnerschaft werden stark von kulturellen Werten und Normen beeinflusst. Kulturelle Werte können die Erwartungen an die Wahl des Ehepartners, die Rolle in der Ehe und die Vorstellungen von Glück und Stabilität in der Ehe gestalten.

Beispiel: In einigen Kulturen wird von Ehepartnern erwartet, dass sie die Familie und die Traditionen aufrechterhalten. Dies kann zu starken Bindungen führen, aber auch dazu führen, dass individuelle Bedürfnisse und Ziele in den Hintergrund treten.

4. Umgang mit Konflikten und Problemen: Kulturelle Werte beeinflussen auch, wie Konflikte und Probleme in Beziehungen angegangen und gelöst werden. In einigen Kulturen kann die Betonung auf Harmonie und Konfliktvermeidung liegen, während in anderen der offene Ausdruck von Meinungsverschiedenheiten akzeptabler ist.

Beispiel: In Kulturen, in denen der Erhalt von Harmonie als äußerst wichtig angesehen wird, kann es schwierig sein, Konflikte in Beziehungen anzusprechen, selbst wenn dies notwendig ist. In anderen Kulturen kann ein offenerer Dialog über Meinungsverschiedenheiten gefördert werden.

Die kulturellen Werte und Normen prägen unsere Erwartungen an Beziehungen und beeinflussen, wie wir uns in diesen Beziehungen verhalten. Es ist wichtig zu beachten, dass diese Werte nicht in Stein gemeißelt sind und sich im Laufe der Zeit ändern können. Menschen, die sich zwischen verschiedenen kulturellen Einflüssen bewegen, können mit besonderen Herausforderungen konfrontiert sein.

Kommunikationsmuster und Emotionale Bindungen

Kommunikation spielt eine zentrale Rolle in der Gestaltung unserer emotionalen Bindungen. Die Art und Weise, wie Menschen miteinander sprechen und interagieren, beeinflusst die Qualität und das Verständnis von Beziehungen. Hier sind einige wichtige Aspekte in Bezug auf Kommunikationsmuster und ihre Auswirkungen auf emotionale Bindungen:

1. Kommunikationseffektivität: Die Effektivität der Kommunikation in Beziehungen hat einen entscheidenden Einfluss auf die Qualität der Bindungen. Menschen, die in der Lage sind, offen und respektvoll miteinander zu kommunizieren, haben oft gesündere Beziehungen.

Beispiel: In Beziehungen, in denen beide Partner offen über ihre Bedürfnisse, Wünsche und Sorgen sprechen können, besteht eine bessere Chance, Missverständnisse zu vermeiden und Konflikte auf konstruktive Weise zu lösen.

2. Konfliktlösung und Problembewältigung: Kommunikationsmuster beeinflussen, wie Konflikte und Probleme in Beziehungen behandelt werden. Eine effektive Kommunikation kann zur Lösung von Problemen und zur Vermeidung von Eskalation beitragen.

Beispiel: In Beziehungen, in denen Partner lernen, Konflikte respektvoll und kooperativ anzugehen, wird oft eine langfristige Lösung gefunden, die die Bindung stärkt. Hingegen können destruktive Kommunikationsmuster, wie Schuldzuweisungen oder Schweigen, die Beziehung belasten.

3. Verbale und nonverbale Kommunikation: Kommunikation umfasst sowohl verbale als auch nonverbale Aspekte. Körpersprache, Gestik, Mimik und Tonfall sind genauso wichtig wie Worte und Sätze.

Beispiel: In Beziehungen kann ein liebevolles Lächeln oder eine Umarmung die Bedeutung einer Entschuldigung oder eines Dankes verstärken. Umgekehrt kann negative Körpersprache die Worte entkräften und Missverständnisse erzeugen.

4. Kultur und Kommunikationsstile: Kulturelle Unterschiede können die Kommunikationsstile beeinflussen. Menschen aus verschiedenen Kulturen haben oft unterschiedliche Vorstellungen davon, was als respektvolle oder angemessene Kommunikation angesehen wird.

Beispiel: In einigen Kulturen wird direkte und klare Kommunikation geschätzt, während in anderen Kulturen indirekte oder höfliche Kommunikation als angemessen gilt. Diese Unterschiede können in interkulturellen Beziehungen zu Missverständnissen führen.

5. Digitale Kommunikation: Moderne Technologie hat die Art und Weise, wie Menschen miteinander kommunizieren, stark verändert. Die Nutzung von Textnachrichten, sozialen Medien und E-Mails kann die Bindung beeinflussen.

Beispiel: In Zeiten von Fernbeziehungen können digitale Kommunikationsmittel wie Videotelefonie eine wichtige Rolle dabei spielen, die emotionale Nähe aufrechtzuerhalten. Gleichzeitig kann übermäßiger Einsatz von Technologie dazu führen, dass Menschen in physischer Gegenwart voneinander entfernt sind.

Die Art und Qualität der Kommunikation in Beziehungen ist von entscheidender Bedeutung, da sie Einfluss auf die emotionalen Bindungen hat. Menschen, die lernen, respektvoll und effektiv miteinander zu kommunizieren, haben oft gesündere und unterstützendere Bindungen. Die Kunst des Loslassens erfordert manchmal, alte Kommunikationsmuster zu überdenken und gesündere Kommunikationsweisen zu erlernen, um Beziehungen zu verbessern und zu stärken.

Es gibt viele Gründe, warum Menschen dazu neigen, an destruktiven oder ungesunden Bindungen festzuhalten. Diese Gründe können in den vorherigen Kapiteln beleuchtet worden sein, von Ängsten und Unsicherheiten bis hin zu gesellschaftlichen und kulturellen Einflüssen. Das Festhalten an Beziehungen oder Mustern, die uns nicht mehr dienen, kann aus verschiedenen Motiven erfolgen:

Ein Grund für das Festhalten könnte die Angst vor dem Verlust sein. Menschen befürchten oft, dass das Loslassen von einer Bindung oder einem Verhalten dazu führt, etwas Wichtiges zu verlieren, sei es eine Beziehung, eine Sicherheit oder eine vertraute Identität.

Ein weiterer Grund ist die Unsicherheit über die Zukunft. Der Gedanke an das Unbekannte und die Vorstellung, wie das Leben nach dem Loslassen aussehen wird, kann äußerst beängstigend sein.

Aber, wie wir in den kommenden Kapiteln entdecken werden, birgt das Loslassen erhebliche Vorteile und Chancen. Es eröffnet die Möglichkeit für persönliches Wachstum, Befreiung von belastenden Emotionen und die Schaffung gesünderer Bindungen. Die Fähigkeit, loszulassen, ist der Schlüssel zur Entfaltung unseres vollen Potenzials und zur Schaffung eines erfüllteren Lebens.

Im nächsten Kapitel werden wir die Vorteile des Loslassens eingehend erkunden und lernen, wie wir diese Vorteile in unserem eigenen Leben nutzen können. Wir werden sehen, wie das Loslassen nicht nur eine notwendige Befreiung von Altlasten ist, sondern auch den Weg zu neuen Möglichkeiten und einer erfüllteren Zukunft ebnet.

Die Vorteile des Loslassens

Das Loslassen ist eine Kunst, die uns die Freiheit schenkt, uns von Vergangenem zu befreien und Raum für Neues in unserem Leben zu schaffen. In diesem Kapitel werden wir die zahlreichen Vorteile des Loslassens genauer betrachten. Wir werden verstehen, wie das Loslassen ein Schlüssel zum persönlichen Wachstum, zur Befreiung von Belastungen und zur Verbesserung unserer emotionalen Gesundheit ist.

Das Loslassen ermöglicht uns, Raum für neue Chancen, Beziehungen und Erfahrungen zu schaffen. Es fördert die Entfaltung unseres vollen Potenzials und die Steigerung unseres Wohlbefindens. Wir werden die Vorzüge des Loslassens in Bezug auf unser individuelles und zwischenmenschliches Leben erforschen und Methoden erlernen, um diese Vorteile in die Praxis umzusetzen.

Dieses Kapitel wird uns dabei helfen zu verstehen, warum das Loslassen eine entscheidende Fähigkeit ist, die uns auf unserem Weg zu einem erfüllteren und glücklicheren Leben unterstützt. Wir werden lernen, wie das Loslassen nicht nur eine Befreiung von Altlasten ist, sondern auch den Weg zu neuen Möglichkeiten und einer erfüllteren Zukunft ebnet.

Mehr Freiheit und Innerer Frieden durch Loslassen

Das Loslassen führt zu einer spürbaren Steigerung von Freiheit und innerem Frieden. Wenn wir uns von Ballast und Beschränkungen befreien, erleben wir eine neue Ebene des Seins, die uns erlaubt, authentischer und erfüllter zu leben. Hier sind einige Beispiele, wie das Loslassen zu mehr Freiheit und innerem Frieden führt:

1. Freiheit von alten Groll und Ärger: Das Festhalten an alten Groll und Ärger bindet uns an die Vergangenheit. Wenn wir diese negativen Emotionen loslassen, befreien wir uns von der Belastung und öffnen uns für eine Zukunft ohne den Ballast vergangener Konflikte.

Beispiel: Stellen Sie sich vor, Sie haben jahrelang Groll gegenüber einer Person getragen, die Sie verletzt hat. Durch das Loslassen dieses Grolls befreien Sie sich von der negativen Energie, die Sie zurückhält, und öffnen sich für eine friedlichere und positivere Zukunft.

2. Freiheit von ungesunden Beziehungen: Toxische Beziehungen können uns in einem Teufelskreis gefangen halten. Das Loslassen dieser Beziehungen ermöglicht es uns, gesündere und unterstützendere Verbindungen einzugehen.

Beispiel: Wenn Sie in einer Beziehung sind, die von Missbrauch oder Manipulation geprägt ist, kann das Loslassen dieser Beziehung schwierig sein. Aber es eröffnet die Freiheit, sich von diesen schädlichen Mustern zu befreien und nach einer Beziehung zu suchen, die respektvoll und unterstützend ist.

3. Freiheit von negativen Überzeugungen und Selbstzweifeln: Selbstzweifel und negative Überzeugungen können uns daran hindern, unser volles Potenzial zu entfalten. Das Loslassen dieser hinderlichen Gedanken ermöglicht es uns, selbstbewusster und selbstsicherer zu sein.

Beispiel: Wenn Sie glauben, dass Sie nicht gut genug sind, um Ihre beruflichen Ziele zu erreichen, hält Sie diese Überzeugung zurück. Das Loslassen dieser Überzeugung eröffnet die Freiheit, Ihre Fähigkeiten zu nutzen und Ihre Ziele zu verfolgen.

4. Innere Ruhe und Gelassenheit: Das Loslassen von Sorgen und Angst führt zu innerer Ruhe und Gelassenheit. Wenn wir aufhören, uns über Dinge zu sorgen, die außerhalb unserer Kontrolle liegen, finden wir Frieden im Hier und Jetzt.

Beispiel: Die Sorge um die Zukunft kann viele Menschen quälen. Das Loslassen dieser Sorgen ermöglicht es, sich auf das gegenwärtige Moment zu konzentrieren und die Freiheit zu erleben, in diesem Moment Frieden zu finden.

5. Freiheit von materiellem Ballast: Das Loslassen von materiellem Ballast kann zu einem einfacheren und leichteren Lebensstil führen. Weniger Besitztümer bedeuten weniger Verpflichtungen und mehr Freiheit.

Beispiel: Wenn Sie sich von überflüssigen Besitztümern trennen, können Sie sich auf das konzentrieren, was wirklich wichtig ist. Dies schafft Raum für Erfahrungen und Abenteuer, die Ihr Leben bereichern.

Das Loslassen ermöglicht uns, uns von den Fesseln der Vergangenheit und den Begrenzungen, die wir uns selbst auferlegen, zu befreien. Es eröffnet die Freiheit, unser Leben bewusst und erfüllt zu gestalten, und schenkt uns inneren Frieden. Dieser Prozess kann herausfordernd sein, aber die Belohnungen in Form von Freiheit und innerem Frieden sind es wert.

Bessere Gesundheit und Wohlbefinden durch Loslassen

Das Loslassen hat nachweislich positive Auswirkungen auf die körperliche und geistige Gesundheit sowie auf das allgemeine Wohlbefinden. Indem wir uns von belastenden Emotionen, Beziehungen und Gedanken befreien, schaffen wir die Voraussetzungen für eine gesündere und erfülltere Lebensweise. Hier sind einige Beispiele, wie das Loslassen zu einer besseren Gesundheit und einem gesteigerten Wohlbefinden führt:

1. Reduzierter Stress und Angst: Das Festhalten an belastenden Gedanken und Sorgen erzeugt Stress und Angst. Wenn wir lernen, diese Gedanken loszulassen, erfahren wir eine deutliche Reduzierung von Stress und Angst.

Beispiel: Indem Sie sich von der Sorge über finanzielle Probleme oder beruflichen Druck befreien, reduzieren Sie Ihren Stress und gewinnen mehr innere Ruhe.

2. Verbesserte mentale Gesundheit: Das Loslassen von negativen Gedanken und destruktiven Überzeugungen trägt zur Verbesserung der mentalen Gesundheit bei. Es fördert ein positives Selbstbild und hilft, Depressionen und Ängsten entgegenzuwirken.

Beispiel: Wenn Sie lernen, sich von der Überzeugung zu befreien, dass Sie wertlos oder ungeliebt sind, fördert dies Ihr Selbstwertgefühl und trägt zu einer gesünderen mentalen Verfassung bei.

3. Bessere Schlafqualität: Das Festhalten an Sorgen und Ängsten kann zu Schlafproblemen führen. Das Loslassen dieser Belastungen trägt dazu bei, die Schlafqualität zu verbessern.

Beispiel: Wenn Sie sich nachts Sorgen um berufliche Probleme machen, kann das Loslassen dieser Sorgen dazu beitragen, dass Sie besser schlafen und ausgeruhter aufwachen.

4. Stärkeres Immunsystem: Chronischer Stress und negative Emotionen können das Immunsystem schwächen. Das Loslassen führt zu weniger Stress und unterstützt ein stärkeres Immunsystem.

Beispiel: Indem Sie sich von stressbedingten Gedanken und Ängsten befreien, helfen Sie Ihrem Körper, gesünder zu bleiben und Krankheiten abzuwehren.

5. Erhöhte Lebensfreude: Die Befreiung von negativen Emotionen und belastenden Beziehungen führt zu einer gesteigerten Lebensfreude. Sie ermöglicht es, das Leben positiver und optimistischer zu sehen.

Beispiel: Wenn Sie sich von einer unglücklichen Beziehung trennen, öffnet dies die Tür zu einer Welt neuer Erfahrungen und Glücksmomente.

6. Bessere Bewältigung von Verlust und Trauer: Das Loslassen hilft bei der Bewältigung von Verlust und Trauer. Es ermöglicht, die Trauer zu verarbeiten und den Frieden wiederzufinden.

Beispiel: Nach dem Verlust eines geliebten Menschen kann das Loslassen von Schuldgefühlen oder nicht ausgesprochenen Worten dazu beitragen, den Trauerprozess zu erleichtern.

Die Auswirkungen des Loslassens auf die Gesundheit und das Wohlbefinden sind signifikant. Indem wir uns von negativen Einflüssen befreien, schaffen wir Raum für positives Denken, emotionales Wohlbefinden und körperliche Gesundheit. Dieser Prozess kann zu einem erfüllteren und glücklicheren Leben führen, in dem wir die Freiheit und das Wohlbefinden genießen.

Raum für Neue Chancen und Entwicklungen durch Loslassen

Das Loslassen eröffnet die Tür zu neuen Chancen und persönlicher Entwicklung. Indem wir uns von Altem und Belastendem trennen, schaffen wir Raum für Wachstum, Erfahrungen und Erfolge. Hier sind einige Beispiele, wie das Loslassen Raum für neue Chancen und Entwicklungen schafft:

1. Neue berufliche Chancen: Das Loslassen von alten beruflichen Mustern oder einem unerfüllenden Job kann dazu führen, dass sich neue berufliche Möglichkeiten eröffnen. Dies ermöglicht es, eine erfüllendere Karriere zu verfolgen.

Beispiel: Wenn Sie Ihren alten Job, der Ihnen keine Freude bereitet, aufgeben und sich auf neue berufliche Wege begeben, können Sie berufliche Chancen entdecken, die besser zu Ihren Fähigkeiten und Interessen passen.

2. Persönliches Wachstum: Das Loslassen fördert persönliches Wachstum und Entwicklung. Es ermöglicht die Entfaltung Ihres vollen Potenzials, da Sie sich von Begrenzungen und Ängsten befreien.

Beispiel: Wenn Sie sich von der Angst vor dem Versagen oder der Überzeugung, dass Sie nicht gut genug sind, befreien, können Sie mutig neue Herausforderungen annehmen und wachsen.

3. Neue Beziehungen: Das Loslassen von toxischen oder ungesunden Beziehungen schafft Raum für neue und gesündere Beziehungen.

Beispiel: Wenn Sie sich von einer destruktiven Freundschaft oder einer toxischen Partnerschaft trennen, eröffnen Sie die Möglichkeit, Menschen kennenzulernen, die Ihre Werte und Ziele teilen.

4. Kreative Entfaltung: Das Loslassen fördert die kreative Entfaltung. Wenn Sie sich von kreativen Blockaden oder selbstkritischen Gedanken befreien, können Sie Ihre kreativen Fähigkeiten entfalten.

Beispiel: Ein Künstler, der sich von der Angst vor Ablehnung befreit, kann inspirierende Kunstwerke schaffen und erfolgreich ausstellen.

5. Neues Wissen und Fähigkeiten: Das Loslassen ermöglicht es, Platz für neues Wissen und neue Fähigkeiten zu schaffen. Dies fördert lebenslanges Lernen und persönliche Entwicklung.

Beispiel: Wenn Sie sich von der Vorstellung lösen, dass Sie zu alt oder zu beschäftigt sind, um etwas Neues zu lernen, können Sie sich neuen Hobbys oder beruflichen Qualifikationen widmen.

6. Erfülltere Lebensziele: Das Loslassen von alten Zielen oder Lebensplänen, die nicht mehr zu Ihnen passen, ermöglicht es, neue, erfüllendere Lebensziele zu formulieren und zu verfolgen.

Beispiel: Wenn Sie erkennen, dass Ihr früheres Ziel, in einer bestimmten Karriere erfolgreich zu sein, nicht mehr Ihren Werten entspricht, können Sie neue Ziele setzen, die besser zu Ihrem Leben passen.

7. Neue Abenteuer und Reisen: Das Loslassen von Routinen und Gewohnheiten eröffnet die Möglichkeit für aufregende Abenteuer und Reisen.

Beispiel: Indem Sie sich von der Angst vor dem Unbekannten befreien, können Sie neue Orte erkunden und spannende Erfahrungen sammeln.

8. Spirituelles Wachstum: Das Loslassen kann auch spirituelles Wachstum fördern. Es ermöglicht Ihnen, sich von weltlichen Ablenkungen zu befreien und sich auf Ihre spirituelle Entwicklung zu konzentrieren.

Beispiel: Meditation und das Loslassen von weltlichen Anhaftungen können dazu führen, dass Sie eine tiefere spirituelle Verbundenheit erleben.

Das Loslassen schafft Raum für neue Chancen und Entwicklungen in Ihrem Leben. Es ist ein Prozess der Erneuerung und des Wachstums, der Sie dazu befähigt, Ihr Leben bewusster und erfüllter zu gestalten. Die Fähigkeit, loszulassen, eröffnet die Tür zu einem Leben voller neuer Möglichkeiten und Erfahrungen.

Es ist wichtig zu verstehen, dass das Loslassen nicht nur ein Akt der Befreiung ist, sondern auch ein Weg, um ein erfüllteres und glücklicheres Leben zu führen. Die Vorteile, die sich aus dem Loslassen ergeben, sind es wert, die Herausforderungen zu überwinden und diese wichtige Fähigkeit zu erlernen.

Im nächsten Kapitel werden wir uns auf das praktische Erlernen des Loslassens konzentrieren. Das Loslassen ist eine Fertigkeit, die entwickelt und geübt werden kann, und wir werden Methoden, Techniken und Übungen erkunden, die Ihnen helfen werden, diese Fertigkeit zu beherrschen. Wir werden verstehen, wie man sich von negativen Gedanken, Emotionen, Beziehungen und Gewohnheiten befreit und wie man das Loslassen in den Alltag integriert.

Der Weg des Loslassens erfordert Zeit und Engagement, aber die Belohnungen in Form von innerem Frieden, persönlichem Wachstum und einer erfüllteren Existenz sind es wert. Wir werden gemeinsam Schritte unternehmen, um diese wichtige Lebenskompetenz zu beherrschen und in die Praxis umzusetzen.

Loslassen Lernen

Das Loslassen ist eine Kunst, die die Fähigkeit erfordert, sich von Gewohnheiten, Überzeugungen, Menschen und Emotionen zu trennen, die uns nicht länger dienen. Es ist eine Fertigkeit, die sowohl Herausforderungen als auch Belohnungen mit sich bringt. Doch wenn wir diese Kunst meistern, eröffnen sich uns Türen zu innerem Frieden, persönlichem Wachstum und einem erfüllteren Leben.

In diesem Kapitel werden wir uns auf das praktische Loslassen konzentrieren, auf die Schritte, Techniken und Übungen, die Ihnen helfen, diese Fähigkeit zu erlernen und im Alltag umzusetzen. Wir werden verstehen, wie das Loslassen in verschiedenen Aspekten unseres Lebens angewandt werden kann, sei es in Bezug auf Vergangenheit, Gegenwart, Zukunft, Beziehungen oder persönliche Ziele. Es wird eine Reise sein, die sowohl Selbstreflexion als auch Handlung erfordert.

Die Notwendigkeit des Loslassens kann sich in verschiedenen Lebensphasen und Situationen zeigen. Manchmal werden wir von alten Glaubenssätzen zurückgehalten, die uns daran hindern, unser volles Potenzial auszuschöpfen. In anderen Momenten müssen wir vielleicht toxische Beziehungen oder schmerzhafte Erinnerungen loslassen, um inneren Frieden zu finden. Gleichzeitig kann das Loslassen uns dabei helfen, mit Veränderungen und Unsicherheiten umzugehen, indem wir die Kontrolle über das Unbekannte aufgeben und es akzeptieren.

Die Kunst des Loslassens erfordert Übung, Geduld und Selbstreflexion. Wir werden lernen, wie man den Prozess des Loslassens angeht, anstatt sich von ihm überwältigen zu lassen. Wir werden Techniken zur emotionalen Heilung und zur Förderung von Selbstakzeptanz erkunden. Wir werden auch verstehen, wie man mit Ängsten und Unsicherheiten umgeht, indem man sich auf das Hier und Jetzt konzentriert und den Fluss des Lebens akzeptiert.

Die Fähigkeit, loszulassen, ist eine lebenslange Reise, die uns dazu befähigt, unser Leben bewusster und erfüllter zu gestalten. Es ist eine Reise, die uns hilft, die Vergangenheit zu ehren, die Gegenwart zu schätzen und die Zukunft mit Hoffnung und Gelassenheit zu betrachten. In den kommenden Abschnitten werden wir Schritt für Schritt lernen, wie wir diese Reise antreten und die Kunst des Loslassens meistern können.

Schritt-für-Schritt-Anleitung zur Identifizierung von Dingen, die Losgelassen Werden Sollten

Das Identifizieren von Dingen, die losgelassen werden sollten, ist ein wichtiger erster Schritt auf dem Weg des Loslassens. Hier ist eine schrittweise Anleitung, um Ihnen bei diesem Prozess zu helfen:

Schritt 1: Selbstreflexion

Beginnen Sie, indem Sie sich Zeit für Selbstreflexion nehmen. Finden Sie einen ruhigen Ort, an dem Sie ungestört nachdenken können.

Schritt 2: Betrachten Sie Ihr Leben

Denken Sie über verschiedene Aspekte Ihres Lebens nach: Beziehungen, Gewohnheiten, Überzeugungen, Besitztümer, Emotionen und Routinen.

Schritt 3: Fragen Sie sich, was Sie belastet

Fragen Sie sich, was Sie in Ihrem Leben belastet, frustriert oder zurückhält. Identifizieren Sie die Bereiche, in denen Sie unzufrieden oder unglücklich sind.

Schritt 4: Überprüfen Sie Ihre Beziehungen

Betrachten Sie Ihre zwischenmenschlichen Beziehungen. Identifizieren Sie Beziehungen, die Sie emotional auslaugen, respektlos behandeln oder Ihre persönliche Entwicklung behindern.

Schritt 5: Erkennen Sie alte Glaubenssätze

Achten Sie auf negative Selbstgespräche und destruktive Glaubenssätze. Fragen Sie sich, welche Überzeugungen Ihnen im Weg stehen und Ihr Selbstwertgefühl beeinträchtigen.

Schritt 6: Überprüfen Sie ungesunde Gewohnheiten

Betrachten Sie Ihre Gewohnheiten und Routinen. Identifizieren Sie Verhaltensweisen, die Ihrer Gesundheit schaden, Ihre Produktivität einschränken oder Ihre Ziele behindern.

Schritt 7: Betrachten Sie Besitztümer

Schauen Sie sich Ihren physischen Raum an. Identifizieren Sie Dinge, die Sie nicht mehr benötigen, die Ihr Zuhause überfüllen oder Ihre Umgebung belasten.

Schritt 8: Identifizieren Sie nicht verarbeitete Emotionen

Geben Sie sich die Erlaubnis, Ihre Emotionen zu erkunden. Identifizieren Sie nicht verarbeitete Gefühle, die in Ihrem Inneren schlummern.

Schritt 9: Hören Sie auf Ihr Bauchgefühl

Vertrauen Sie Ihrem Instinkt. Oftmals spüren wir intuitiv, was in unserem Leben nicht mehr stimmig ist. Wenn Sie ein unbehagliches Gefühl im Zusammenhang mit einer Person, einer Situation oder einer Gewohnheit haben, sollten Sie dies genauer betrachten.

Schritt 10: Machen Sie eine Liste

Schreiben Sie alles auf. Erstellen Sie eine Liste der Dinge, die Sie loslassen möchten. Dies kann Ihnen dabei helfen, einen klaren Überblick über das zu bekommen, was geändert werden muss, und es macht den Prozess greifbarer.

Schritt 11: Holen Sie sich Feedback

Manchmal fällt es uns schwer, unsere eigenen blinden Flecken zu erkennen. Holen Sie sich von vertrauenswürdigen Freunden oder Familienmitgliedern Feedback. Sie könnten Ihnen dabei helfen, Aspekte Ihres Lebens zu identifizieren, die überarbeitet werden sollten.

Dieser schrittweise Prozess der Identifizierung wird Ihnen dabei helfen, Klarheit darüber zu gewinnen, was Sie in Ihrem Leben loslassen sollten. Denken Sie daran, dass das Ziel nicht darin besteht, alles auf einmal loszulassen, sondern schrittweise Veränderungen vorzunehmen, um ein erfüllteres Leben zu gestalten.

Techniken zur Überwindung von Ängsten und Widerstand

Das Loslassen kann von Ängsten und Widerstand begleitet sein. Wir zögern oft, uns von vertrauten Dingen, Gewohnheiten oder Überzeugungen zu trennen, selbst wenn sie uns nicht länger dienen. Hier sind einige Techniken, die Ihnen helfen können, Ängste und Widerstand zu überwinden:

1. **Bewusstsein schaffen:** Die erste und wichtigste Technik ist, sich des Widerstands und der Ängste bewusst zu werden. Erkennen Sie, wenn Sie zögern, etwas loszulassen, und fragen Sie sich, warum das so ist. Dieses Bewusstsein ist der Ausgangspunkt für Veränderungen.

2. **Visualisierung:** Nutzen Sie die Kraft der Visualisierung, um Ängste zu bewältigen. Stellen Sie sich vor, wie Ihr Leben ohne das, was Sie loslassen möchten, positiver und erfüllter ist. Diese Vorstellung kann Ihnen helfen, den Wert der Veränderung zu erkennen.

3. **Kleine Schritte gehen:** Wenn der Gedanke, etwas Großes loszulassen, Angst verursacht, brechen Sie es in kleine, machbare Schritte herunter. Dies macht den Prozess weniger überwältigend und ermöglicht Ihnen, schrittweise Fortschritte zu erzielen.

4. **Unterstützung suchen:** Suchen Sie Unterstützung von Freunden, Familie oder einem Therapeuten. Das Teilen Ihrer Ängste und Widerstände mit anderen kann befreiend sein und Sie auf dem Weg des Loslassens unterstützen.

5. **Affirmationen nutzen:** Affirmationen sind positive Sätze, die Sie sich immer wieder selbst sagen. Sie können dazu beitragen,

negative Gedanken und Ängste zu überwinden. Zum Beispiel könnten Sie sagen: "Ich bin mutig und bereit, loszulassen."

6. Achtsamkeit praktizieren: Die Achtsamkeitspraxis hilft Ihnen, im gegenwärtigen Moment zu bleiben und sich auf Ihre Gedanken und Emotionen zu konzentrieren, ohne sie zu beurteilen. Dies kann Ihnen helfen, Ihre Ängste zu beobachten und zu akzeptieren, ohne von ihnen überwältigt zu werden.

7. Innere Dialoge ändern: Überprüfen Sie Ihre inneren Dialoge und ersetzen Sie negative Gedanken und Selbstzweifel durch positive und unterstützende Selbstgespräche. Verändern Sie "Ich kann das nicht" zu "Ich kann das schaffen."

8. Auf die Vorteile fokussieren: Denken Sie an die Vorteile, die sich aus dem Loslassen ergeben, anstatt sich auf den Verlust zu konzentrieren. Stellen Sie sich vor, wie Ihr Leben besser wird, wenn Sie sich von dem Alten trennen.

9. Tagebuch führen: Halten Sie ein Tagebuch, in dem Sie Ihre Ängste und Widerstände notieren. Dies kann Ihnen dabei helfen, Muster zu erkennen und Strategien zur Bewältigung zu entwickeln.

10. Geduld und Selbstfürsorge: Seien Sie geduldig mit sich selbst. Das Loslassen kann Zeit brauchen, und es ist normal, Rückschläge zu erleben. Denken Sie daran, sich selbst liebevoll zu behandeln und sich selbst zu erlauben, Fehler zu machen.

11. Den Wert der Veränderung erkennen: Fragen Sie sich, was es Ihnen bringt, wenn Sie Ihre Ängste überwinden und Dinge loslassen. Erinnern Sie sich daran, dass Veränderung oft notwendig ist, um persönliches Wachstum und ein erfülltes Leben zu ermöglichen.

Das Überwinden von Ängsten und Widerstand ist ein entscheidender Schritt auf dem Weg des Loslassens. Es erfordert Selbstreflexion, Selbstmitgefühl und die Anwendung von verschiedenen Techniken. Seien Sie geduldig mit sich selbst, während Sie diesen Prozess durchlaufen, und erinnern Sie sich daran, dass Veränderung oft mit anfänglichem Widerstand einhergeht, bevor sie zu einer Quelle von Wachstum und Bereicherung wird.

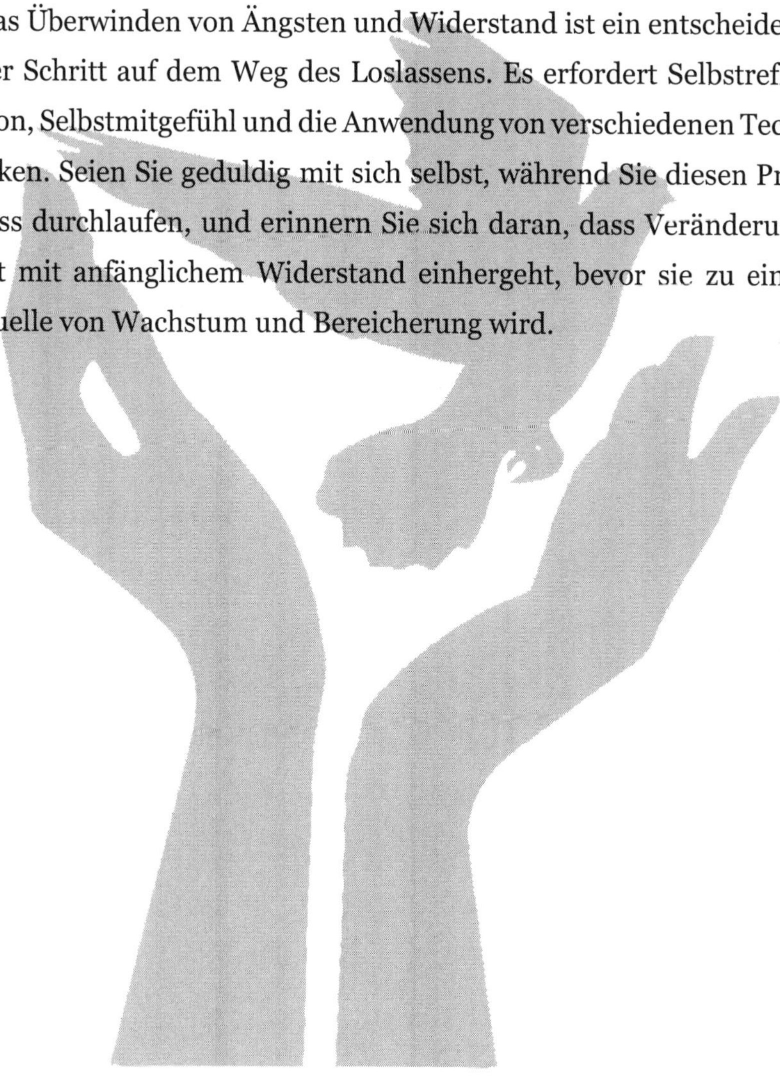

Praktische Übungen zur Überwindung von Ängsten und Widerstand beim Loslassen

Um Ängste und Widerstand beim Loslassen zu bewältigen, können Sie verschiedene praktische Übungen durchführen. Hier sind einige ausführliche Übungen mit Beispielen:

1. Das Loslassen-Ritual:

- Finden Sie einen ruhigen Raum, in dem Sie ungestört sind.
- Nehmen Sie einen Gegenstand, der symbolisch für das steht, was Sie loslassen möchten. Dies könnte ein Foto, ein Brief oder ein persönlicher Gegenstand sein.
- Setzen Sie sich bequem hin und atmen Sie tief ein und aus, um zur Ruhe zu kommen.
- Visualisieren Sie, wie Sie den Gegenstand loslassen und ihn gehen lassen. Stellen Sie sich vor, wie er sich in Luft auflöst oder wie er sanft davonfließt.
- Während Sie dies tun, sprechen Sie Ihre Gefühle und Ängste laut aus. Zum Beispiel: "Ich habe Angst davor, diesen Gegenstand loszulassen, weil er mir Sicherheit vermittelt. Aber ich bin bereit, diese Angst zu überwinden."
- Wiederholen Sie dieses Ritual, bis Sie das Gefühl haben, einen Fortschritt in Bezug auf das Loslassen gemacht zu haben.

2. Brief an Ihr zukünftiges Selbst:

- Schreiben Sie einen Brief an Ihr zukünftiges Selbst, in dem Sie Ihre Ängste und Widerstände hinsichtlich des Loslassens ausdrücken

- Beschreiben Sie, was Sie loslassen möchten und warum es schwerfällt.
- Schreiben Sie auch über die positiven Veränderungen, die Sie sich erhoffen, wenn Sie loslassen.
- Schließen Sie den Brief mit einer Botschaft der Selbstfürsorge und Ermutigung an Ihr zukünftiges Selbst ab.

Beispiel: "Liebes zukünftiges Ich, ich weiß, dass es schwer ist, die alten Gewohnheiten aufzugeben, aber ich hoffe, dass du ein erfüllteres Leben führst. Bitte erinnere dich daran, dass du mutig und stark bist. Du kannst das schaffen."

3. Achtsamkeitsmeditation:

- Setzen Sie sich bequem hin und schließen Sie die Augen.
- Konzentrieren Sie sich auf Ihren Atem und atmen Sie ruhig ein und aus.
- Während Sie atmen, lassen Sie Ihre Gedanken und Ängste vorbeiziehen, ohne sich an ihnen festzuhalten.
- Seien Sie achtsam gegenüber den Gefühlen des Widerstands, die auftauchen, und betrachten Sie sie ohne Urteil.
- Erinnern Sie sich daran, dass diese Gedanken und Gefühle vorübergehend sind und dass Sie die Wahl haben, wie Sie auf sie reagieren.

4. Die 5-Warum-Technik:

- Stellen Sie sich die Frage, warum Sie Schwierigkeiten beim Loslassen haben.
- Notieren Sie die Antwort.
- Stellen Sie dann die Frage erneut und fragen Sie nach dem "Warum" in Bezug auf Ihre vorherige Antwort.
- Wiederholen Sie diesen Prozess mindestens fünfmal.
- Diese Technik hilft Ihnen, zu den tieferliegenden Ursachen Ihrer Ängste und Widerstände vorzudringen.

Beispiel: Wenn Sie Schwierigkeiten haben, eine ungesunde Gewohnheit aufzugeben:

- Warum habe ich Schwierigkeiten, diese Gewohnheit aufzugeben? Weil sie mir Trost bietet.
- Warum brauche ich Trost? Weil ich mich gestresst fühle.
- Warum bin ich gestresst? Weil ich Angst habe, mit meinen Emotionen ohne diese Gewohnheit umzugehen.
- Warum habe ich Angst vor meinen Emotionen? Weil ich befürchte, sie könnten überwältigend sein.
- Warum fürchte ich mich vor überwältigenden Emotionen? Weil ich mich nicht sicher fühle, wie ich damit umgehen soll.

5. Die 3-positiven-Dinge-Übung:

- Jeden Tag notieren Sie drei positive Dinge, die aus dem Loslassen entstehen könnten.

- Dies können kleine oder große Veränderungen sein, die sich auf Ihr Leben auswirken.
- Diese Übung hilft Ihnen, sich auf die positiven Aspekte des Loslassens zu konzentrieren und Ängste in den Hintergrund zu rücken.

Beispiel: "Ich könnte durch das Loslassen meiner ungesunden Gewohnheit mehr Energie haben, gesünder sein und bessere Beziehungen führen."

Diese praktischen Übungen sind Werkzeuge, die Ihnen helfen, Ängste und Widerstand zu überwinden, während Sie den Prozess des Loslassens durchlaufen. Sie ermutigen zur Selbstreflexion, zur Förderung von Selbstmitgefühl und zur Akzeptanz von Veränderungen. Denken Sie daran, dass das Loslassen ein fortwährender Prozess ist, und es ist in Ordnung, Rückschläge zu erleben. Das bedeutet nicht, dass Sie gescheitert sind. Es ist normal, dass der Prozess des Loslassens Herausforderungen mit sich bringt, und Sie werden wahrscheinlich auf Widerstand und Ängste stoßen. Doch diese Übungen sollen Ihnen dabei helfen, diese Hindernisse zu überwinden und auf Ihrem Weg zur persönlichen Freiheit und inneren Ruhe voranzuschreiten.

Es ist wichtig zu betonen, dass es keine "richtige" oder "falsche" Art des Loslassens gibt. Jeder Mensch hat seinen eigenen Weg und sein eigenes Tempo. Was für eine Person funktioniert, mag für eine andere nicht geeignet sein. Seien Sie geduldig mit sich selbst und erkennen Sie die Fortschritte, die Sie machen, auch wenn sie schrittweise sind.

Das Ziel des Loslassens ist nicht, alles aus Ihrem Leben zu entfernen, sondern Platz für Wachstum, Freiheit und inneren Frieden zu schaffen. Es geht darum, alten Ballast abzuwerfen, um Raum für neue Möglichkeiten zu schaffen. Durch die Anwendung dieser praktischen Übungen können Sie Ängste und Widerstand überwinden und auf dem Weg zu einem erfüllteren Leben voranschreiten.

Loslassen in Verschiedenen Lebensbereichen

Das Loslassen ist ein universelles Konzept, das in verschiedenen Lebensbereichen von großer Bedeutung ist. Es erstreckt sich über unsere Beziehungen, unsere Gewohnheiten, unsere Gedanken und unsere Umgebung. In diesem Kapitel werden wir erkunden, wie das Loslassen in verschiedenen Lebensbereichen angewendet werden kann, um inneren Frieden, persönliches Wachstum und ein erfüllteres Leben zu fördern.

Unsere Fähigkeit, loszulassen, beeinflusst unsere Lebensqualität maßgeblich. Ob es darum geht, toxische Beziehungen zu beenden, sich von schädlichen Gewohnheiten zu trennen, alte Glaubenssätze zu überwinden oder materiellen Ballast abzuwerfen, das Loslassen bietet uns die Möglichkeit, uns von dem zu befreien, was uns einschränkt. Gleichzeitig eröffnet es Raum für Neues, für Wachstum und für die Entfaltung unseres wahren Potenzials.

In diesem Kapitel werden wir verschiedene Lebensbereiche durchgehen und beleuchten, wie das Loslassen in jedem von ihnen angewendet werden kann. Wir werden uns auf Beziehungen, Gesundheit, berufliche Entwicklung, Selbstwahrnehmung, materielle Dinge und spirituelles Wachstum konzentrieren. Sie werden lernen, wie das Loslassen in diesen Bereichen zu mehr Klarheit, Gelassenheit und Lebensfreude führen kann.

Loslassen in verschiedenen Lebensbereichen erfordert nicht nur die Bereitschaft, Dinge aufzugeben, sondern auch die Fähigkeit, sich zu öffnen und Veränderungen willkommen zu heißen. Es ist eine Reise, die mit Herausforderungen einhergehen kann, aber auch mit zahlreichen Belohnungen. Indem wir uns diesen verschiedenen Aspekten des Lebens öffnen und uns von dem befreien, was uns nicht länger dient, schaffen wir die Möglichkeit, ein erfülltes und authentisches Leben zu führen

Loslassen in Zwischenmenschlichen Beziehungen: Eine Umfassende Betrachtung

Zwischenmenschliche Beziehungen spielen eine entscheidende Rolle in unserem Leben. Sie können uns Freude und Unterstützung bringen, aber auch Stress und Konflikte verursachen. Oftmals fällt es uns schwer, Beziehungen loszulassen, die uns nicht länger guttun. Dies kann Freundschaften, romantische Partnerschaften, familiäre Bindungen oder berufliche Verbindungen betreffen. In diesem Abschnitt werden wir ausführlich betrachten, wie das Loslassen in zwischenmenschlichen Beziehungen gelingen kann.

1. Toxische Beziehungen erkennen:

Der erste Schritt beim Loslassen von Beziehungen besteht darin, toxische Beziehungen zu erkennen. Das sind Beziehungen, die uns emotional, mental oder physisch schaden. Das können Menschen sein, die uns herabsetzen, ausnutzen oder in Konflikte verwickeln.

Beispiel: Eine langjährige Freundschaft, in der Sie ständig kritisiert und entmutigt werden.

2. Kommunikation und Grenzen:

Versuchen Sie, die Kommunikation in der Beziehung zu verbessern. Sprechen Sie offen über Ihre Bedenken und versuchen Sie, Ihre Bedürfnisse und Grenzen klar zu kommunizieren. Manchmal kann eine offene Kommunikation Missverständnisse ausräumen und die Beziehung verbessern.

Beispiel: Sprechen Sie mit Ihrem Partner darüber, wie Sie sich in der Beziehung fühlen und was Sie sich wünschen, um eine gesündere Verbindung herzustellen.

3. Selbstwertgefühl stärken:

Oftmals halten wir an toxischen Beziehungen fest, weil wir uns selbst nicht genug wertschätzen. Arbeit an Ihrem Selbstwertgefühl kann Ihnen helfen, die Bereitschaft zum Loslassen zu stärken.

Beispiel: Selbstliebe und -akzeptanz zu kultivieren kann dazu führen, dass Sie sich nicht mehr in destruktiven Beziehungen festhalten.

4. Unterstützung suchen:

Holen Sie sich Unterstützung von Freunden, Familienmitgliedern oder einem Therapeuten. Das Teilen Ihrer Erfahrungen und Gefühle kann Ihnen Klarheit verschaffen und den Prozess des Loslassens erleichtern.

Beispiel: Eine Therapie kann Ihnen helfen, Ihre Gefühle in Bezug auf eine schädliche Beziehung zu verstehen und Wege zum Loslassen zu finden.

5. Zeit und Abstand gewähren:

Manchmal ist es notwendig, sich Zeit und Abstand von einer Beziehung zu nehmen, um klar zu sehen. Eine vorübergehende Trennung kann Ihnen helfen, Ihre Gefühle und Bedürfnisse zu klären.

Beispiel: Eine Pause von Ihrem Partner kann Ihnen helfen, herauszufinden, ob die Beziehung noch sinnvoll ist.

6. Loslassen und Abschied nehmen:

Das eigentliche Loslassen bedeutet, die Beziehung endgültig zu beenden. Dies kann schmerzhaft sein, aber oft ist es der einzige Weg, um inneren Frieden zu finden.

Beispiel: Sich von einem Freund oder Partner zu trennen, der Sie emotional belastet.

7. Neues in Ihr Leben lassen:

Nachdem Sie eine toxische Beziehung losgelassen haben, schaffen Sie Platz für Neues. Knüpfen Sie gesunde Beziehungen, die Sie unterstützen und inspirieren.

Beispiel: Nach einer Trennung können Sie neue Freundschaften eingehen, die auf gegenseitigem Respekt und Unterstützung basieren.

Das Loslassen von Beziehungen ist eine anspruchsvolle, aber oft notwendige Aufgabe, um Ihr Wohlbefinden und Ihre Lebensqualität zu schützen. Es erfordert Mut, Selbstreflexion und die Bereitschaft, sich von schädlichen Bindungen zu lösen. Denken Sie daran, dass das Loslassen nicht bedeuten muss, dass Sie diese Beziehungen nie wieder schätzen werden. Es bedeutet, dass Sie Ihre eigene Gesundheit und Zufriedenheit priorisieren.

Loslassen von Materiellen Besitztümern: Eine Umfassende Betrachtung

In unserer heutigen Konsumgesellschaft tendieren viele von uns dazu, immer mehr materielle Besitztümer anzuhäufen. Dies kann im Laufe der Zeit zu einem überfüllten und belastenden Lebensstil führen. Das Loslassen von materiellen Dingen ist eine wichtige Fähigkeit, um inneren Frieden, Freiheit und Klarheit zu finden. Im Folgenden werden wir ausführlich erörtern, wie Sie diesen Prozess meistern können.

1. Die Bedeutung materieller Besitztümer:

Beginnen Sie damit, Ihre Einstellung zu materiellen Dingen zu überdenken. Fragen Sie sich, warum Sie bestimmte Dinge besitzen und welchen Wert sie in Ihrem Leben haben.

Beispiel: Überlegen Sie, warum Sie eine große Sammlung von Kleidung haben und ob sie tatsächlich alle getragen werden.

2. Minimalismus als Lebenseinstellung:

Der Minimalismus ist eine Philosophie, die das Loslassen von Überflüssigem und das Fokussieren auf das Wesentliche betont. Betrachten Sie, wie Sie diesen Ansatz in Ihr Leben integrieren können.

Beispiel: Reduzieren Sie Ihren Kleiderschrank auf die Kleidung, die Sie regelmäßig tragen, und spenden Sie den Rest.

3. Die KonMari-Methode:

Die KonMari-Methode, entwickelt von Marie Kondo, ist eine beliebte Technik, um Besitztümer zu sortieren und loszulassen. Sie fordert Sie auf, jeden Gegenstand zu betrachten und sich zu fragen, ob er Freude in Ihrem Leben bringt.

Beispiel: Gehen Sie durch jeden Raum Ihres Hauses und überlegen Sie, ob die Dinge, die Sie besitzen, wirklich Freude auslösen.

4. Erinnerungen in den Vordergrund rücken:

Ein Grund, warum wir an materiellen Besitztümern festhalten, sind die damit verbundenen Erinnerungen. Überlegen Sie, ob es Möglichkeiten gibt, Erinnerungen ohne physische Dinge zu bewahren.

Beispiel: Fotografieren Sie Gegenstände, die sentimentalen Wert haben, und erstellen Sie ein digitales Album.

5. Schaffen Sie Ordnung:

Die Unordnung kann zu Stress und Unzufriedenheit führen. Schaffen Sie Ordnung, indem Sie Dinge organisieren und klar strukturieren.

Beispiel: Räumen Sie regelmäßig auf und organisieren Sie Ihren Wohnraum, um Unordnung zu reduzieren.

6. Wert auf Qualität statt Quantität legen:

Statt viele Dinge zu besitzen, konzentrieren Sie sich auf hochwertige Gegenstände, die Sie schätzen und die langlebig sind.

Beispiel: Investieren Sie in ein hochwertiges Möbelstück anstelle von vielen minderwertigen.

7. Spenden und Recyceln:

Statt Dinge wegzuwerfen, geben Sie sie weiter, indem Sie sie spenden oder recyceln. Dadurch wird Ihr Loslassen nachhaltiger.

Beispiel: Spenden Sie ungenutzte Gegenstände an gemeinnützige Organisationen oder setzen Sie sie in Recyclingbehälter.

8. Loslassen als Befreiung:

Betrachten Sie das Loslassen von materiellen Besitztümern als Befreiung von Ballast. Das Schaffen von Raum ermöglicht es Ihnen, sich auf das zu konzentrieren, was wirklich wichtig ist.

Beispiel: Indem Sie sich von alten Möbeln trennen, schaffen Sie Raum für eine neue Gestaltung Ihres Wohnraums.

Das Loslassen von materiellen Besitztümern kann zunächst herausfordernd sein, aber es kann erhebliche Vorteile mit sich bringen. Es befreit nicht nur physischen Raum, sondern auch mentale und emotionale Belastungen. Es ermöglicht es Ihnen, sich auf das zu konzentrieren, was wirklich zählt, und fördert einen bewussteren und erfüllteren Lebensstil. Denken Sie daran, dass Sie nicht alles auf einmal loslassen müssen, sondern schrittweise Fortschritte machen können.

Loslassen von Negativen Gedanken und Emotionen: Eine Umfassende Betrachtung

Unsere Gedanken und Emotionen spielen eine zentrale Rolle in unserem Leben. Sie beeinflussen unser Wohlbefinden, unsere Entscheidungen und unser Verhalten. Das Loslassen von negativen Gedanken und Emotionen ist von entscheidender Bedeutung, um inneren Frieden, mentale Gesundheit und emotionales Wohlbefinden zu fördern. In diesem Abschnitt werden wir ausführlich untersuchen, wie Sie diesen Prozess bewältigen können.

1. Achtsamkeit und Selbstbeobachtung:

Der erste Schritt beim Loslassen von negativen Gedanken und Emotionen ist die Achtsamkeit. Werden Sie sich Ihrer Gedanken und Emotionen bewusst, ohne sie zu beurteilen. Dies ermöglicht Ihnen, Muster zu erkennen.

Beispiel: Wenn Sie sich gestresst fühlen, nehmen Sie sich einen Moment, um Ihre Gedanken und Gefühle zu beobachten, ohne sie zu bewerten.

2. Identifizierung negativer Muster:

Identifizieren Sie wiederkehrende negative Denkmuster, wie Selbstzweifel, Katastrophendenken oder Schuldgefühle, sowie negative Emotionen wie Wut, Traurigkeit oder Angst.

Beispiel: Erkennen Sie, dass Sie dazu neigen, sich ständig Sorgen über Dinge zu machen, die außerhalb Ihrer Kontrolle liegen.

3. Selbstreflexion und Ursachenanalyse:

Reflektieren Sie über die Ursachen dieser negativen Gedanken und Emotionen. Versuchen Sie zu verstehen, warum Sie sich so fühlen, und woher diese Muster stammen.

Beispiel: Überlegen Sie, ob frühere Erfahrungen oder traumatische Ereignisse Ihre negativen Gedanken und Emotionen beeinflusst haben könnten.

4. Positive Affirmationen und Umformulierung:

Ersetzen Sie negative Gedanken durch positive Affirmationen und Umformulierung. Sagen Sie sich selbst positive Sätze, die Ihr Selbstwertgefühl stärken und Ihr Denken positiver gestalten.

Beispiel: Anstelle von "Ich bin ein Versager" sagen Sie sich "Ich lerne aus meinen Fehlern und wachse daran".

5. Techniken zur Emotionsregulation:

Erlernen Sie Techniken zur Emotionsregulation, um negative Emotionen zu bewältigen. Dazu gehören Atemübungen, Meditation, progressive Muskelentspannung und das Schreiben von Emotionen.

Beispiel: Bei starkem Ärger können Sie eine kurze Atemübung machen, um sich zu beruhigen.

6. Loslassen und Vergebung:

Praktizieren Sie das Loslassen und die Vergebung. Dies bedeutet, sich von alten Grollen und negativen Emotionen gegenüber sich selbst oder anderen zu befreien.

Beispiel: Vergeben Sie sich selbst und anderen für vergangene Fehler und konzentrieren Sie sich auf die Gegenwart.

7. Selbstfürsorge und gesunde Routinen:

Pflegen Sie Selbstfürsorge und gesunde Routinen, um Ihr mentales und emotionales Wohlbefinden zu fördern. Dies umfasst ausreichend Schlaf, gesunde Ernährung, regelmäßige Bewegung und soziale Interaktion.

Beispiel: Sorgen Sie dafür, dass Sie genügend Schlaf bekommen und sich regelmäßig mit Freunden treffen, um Ihre Stimmung zu heben.

8. Professionelle Unterstützung:

Zögern Sie nicht, professionelle Hilfe in Anspruch zu nehmen, wenn Sie Schwierigkeiten haben, negative Gedanken und Emotionen loszulassen. Ein Therapeut oder Psychologe kann Ihnen bei der Bewältigung helfen.

Beispiel: Wenn Sie mit Depressionen oder Angststörungen zu kämpfen haben, suchen Sie professionelle Unterstützung.

Das Loslassen von negativen Gedanken und Emotionen ist ein fortwährender Prozess. Es erfordert Selbstreflexion, Geduld und

Selbstmitgefühl. Indem Sie diese Schritte zur Loslösung von negativen Gedanken und Emotionen praktizieren, können Sie Ihre mentale Gesundheit stärken, Ihr emotionales Wohlbefinden verbessern und inneren Frieden finden. Denken Sie daran, dass es in Ordnung ist, Unterstützung zu suchen und an sich selbst zu arbeiten, um ein erfüllteres und glücklicheres Leben zu führen.

Das Loslassen in verschiedenen Lebensbereichen ist ein mächtiger Prozess, der uns die Freiheit schenkt, Ballast abzuwerfen, Raum für Wachstum zu schaffen und inneren Frieden zu finden. Wir haben betrachtet, wie das Loslassen in zwischenmenschlichen Beziehungen, im Umgang mit materiellen Besitztümern sowie bei der Bewältigung negativer Gedanken und Emotionen gelingen kann. Dieser Prozess eröffnet die Möglichkeit, ein erfüllteres und bewussteres Leben zu führen, das auf den Dingen basiert, die wirklich von Bedeutung sind.

Während das Loslassen Herausforderungen mit sich bringen kann, sind die Belohnungen unbezahlbar. Sie gewinnen Raum für Klarheit, Gelassenheit und Lebensfreude. Sie schaffen die Möglichkeit, Ihr Leben bewusst zu gestalten und sich auf das zu konzentrieren, was wirklich wichtig ist. Das Kapitel "Loslassen in Verschiedenen Lebensbereichen" zeigt, dass das Loslassen nicht nur ein Akt des Verzichts ist, sondern eine Einladung zu einem erfüllten und authentischen Leben.

Während wir in den vorherigen Abschnitten die Kunst des Loslassens in verschiedenen Lebensbereichen erkundet haben, werden wir uns im nächsten Kapitel einem tieferen, spirituellen Aspekt widmen. Das spirituelle Loslassen ist ein Weg, um inneren Frieden und Erleuchtung zu finden, indem wir uns von den Illusionen der materiellen Welt befreien und eine tiefere Verbindung zu unserem inneren Selbst herstellen. In diesem neuen Kapitel werden wir uns mit spirituellen Praktiken und Erkenntnissen auseinandersetzen, die uns auf unserer Reise des Loslassens begleiten. Lassen Sie uns weitergehen und erkunden, wie das spirituelle Loslassen uns zu einer noch tieferen Dimension des Lebens führen kann.

Spirituelles Loslassen

In unserer hektischen und von materiellen Dingen geprägten Welt sehnen sich viele Menschen nach einem tieferen Sinn, nach innerem Frieden und spiritueller Erfüllung. Das spirituelle Loslassen ist ein Weg, um diesen Sehnsüchten gerecht zu werden. Es bedeutet, sich von den Begrenzungen und Illusionen der materiellen Welt zu befreien und eine tiefere Verbindung zu unserem inneren Selbst und zur universellen Wirklichkeit herzustellen.

Das spirituelle Loslassen unterscheidet sich von den vorherigen Formen des Loslassens, die wir betrachtet haben. Es ist keine bloße Praxis des Entledigens von Besitztümern oder negativen Gedanken. Es ist vielmehr ein Prozess der Erkenntnis, des inneren Wachstums und der Selbstverwirklichung. In diesem Kapitel werden wir in die Welt des spirituellen Loslassens eintauchen und erforschen, wie es dazu beitragen kann, unser Leben mit Bedeutung und Sinn zu füllen.

Was bedeutet spirituelles Loslassen?

Spirituelles Loslassen ist der Prozess, bei dem wir uns von weltlichen Begrenzungen, Illusionen und egozentrischem Denken befreien, um eine tiefere Verbindung zur göttlichen Wirklichkeit oder zum universellen Bewusstsein herzustellen. Es geht darum, die Trennung zwischen dem Selbst und dem Ganzen aufzuheben und das Einssein mit allem zu erkennen.

Warum ist spirituelles Loslassen wichtig?

In unserer materialistischen Welt neigen wir dazu, uns auf äußere Erfolge und Besitztümer zu konzentrieren. Doch wahre Erfüllung kommt aus dem Inneren. Das spirituelle Loslassen ermöglicht es uns, jenseits des Egos zu schauen, das Wesen unseres Seins zu erkennen und inneren Frieden zu finden.

Das spirituelle Loslassen ist ein Weg der Selbsterkenntnis, des inneren Friedens und der Erleuchtung. Es eröffnet die Möglichkeit, das Leben in seiner vollen Tiefe zu erleben und eine tiefere Verbindung zum Universum herzustellen. In den kommenden Abschnitten werden wir uns mit diesen Themen intensiv auseinandersetzen und erforschen, wie das spirituelle Loslassen uns auf unserer Reise zu einem erfüllten und bedeutungsvollen Leben begleiten kann. Tauchen wir ein in die Welt des spirituellen Loslassens.

Die Rolle von Spiritualität und Achtsamkeit beim Loslassen

Spiritualität und Achtsamkeit spielen eine entscheidende Rolle beim Prozess des Loslassens. Sie bieten uns Werkzeuge und Einsichten, um uns von den Begrenzungen des Egos zu befreien und eine tiefere Verbindung zum Universum oder zur göttlichen Realität herzustellen. Hier werden wir ausführlich untersuchen, wie Spiritualität und Achtsamkeit uns auf unserer Reise des Loslassens unterstützen.

1. Spiritualität und das Verständnis des Selbst:

In vielen spirituellen Traditionen wird betont, dass das wahre Selbst, unsere wahre Essenz, jenseits des Egos liegt. Spirituelles Wachstum bedeutet oft, die Identifikation mit dem Ego zu durchbrechen und das wahre Selbst zu erkennen. Dieses Verständnis des Selbst kann den Prozess des Loslassens erleichtern, da wir erkennen, dass wir nicht das sind, was unser Ego uns glauben lässt.

Beispiel: Ein spiritueller Praktizierender erkennt, dass er nicht seine Gedanken und Emotionen ist, sondern das Bewusstsein, das diese beobachtet.

2. Achtsamkeit und Gegenwärtigkeit:

Achtsamkeit ist die Fähigkeit, bewusst im gegenwärtigen Moment zu sein, ohne Urteil und Ablenkung. Sie ermöglicht es uns, unsere Gedanken und Emotionen objektiv zu beobachten, anstatt uns von ihnen beherrschen zu lassen. Die Praxis der Achtsamkeit hilft uns, uns von negativen Gedankenmustern zu lösen und ermöglicht das Loslassen von Vergangenheit und Zukunft.

Beispiel: Durch Achtsamkeit erkennen Sie, wenn Sie von Sorgen über die Zukunft überwältigt sind, und können sich auf den gegenwärtigen Moment zurückbesinnen.

3. Hingabe und Vertrauen:

In vielen spirituellen Traditionen wird betont, dass wir nicht die Kontrolle über alles im Leben haben. Die Praxis der Hingabe und des Vertrauens bedeutet, sich dem Fluss des Lebens hinzugeben und darauf zu vertrauen, dass es einen größeren Plan gibt. Dies kann das Loslassen von Angst und Kontrollzwang erleichtern.

Beispiel: Eine spirituelle Person übt Hingabe, indem sie die Kontrolle über unveränderliche Umstände aufgibt und stattdessen Vertrauen in das Universum setzt.

4. Das Loslassen von Erwartungen:

Spirituelles Loslassen beinhaltet oft das Loslassen von Erwartungen. Wir erkennen, dass unser Leiden oft aus unrealistischen Erwartungen entsteht. Durch das Loslassen von Erwartungen können wir uns von Enttäuschung und Frustration befreien.

Beispiel: Sie lassen die Erwartung los, dass andere Menschen Ihre Bedürfnisse erkennen und erfüllen müssen, und finden Freude in der Akzeptanz der Realität.

5. Die Suche nach innerem Frieden:

Viele spirituelle Praktiken zielen auf inneren Frieden ab. Das Loslassen von unnötigem Ballast, sei es in Form von materiellen Dingen oder belastenden Gedanken, ist ein Weg, um inneren Frieden zu finden. Spiritualität hilft uns, diesen Frieden in der Stille und im inneren Selbst zu erkennen.

Beispiel: Durch spirituelle Meditation erfahren Sie Momente der inneren Stille und Frieden, die Ihre Sicht auf das Leben verändern.

Spiritualität und Achtsamkeit sind Werkzeuge, die uns auf unserer Reise des Loslassens unterstützen. Sie ermöglichen es uns, das Ego zu transzendieren, uns auf den gegenwärtigen Moment zu konzentrieren, Vertrauen zu entwickeln und inneren Frieden zu finden. In der Praxis des spirituellen Loslassens erkennen wir, dass wahre Freiheit und Erfüllung in der Befreiung von der Illusion des Egos liegen.

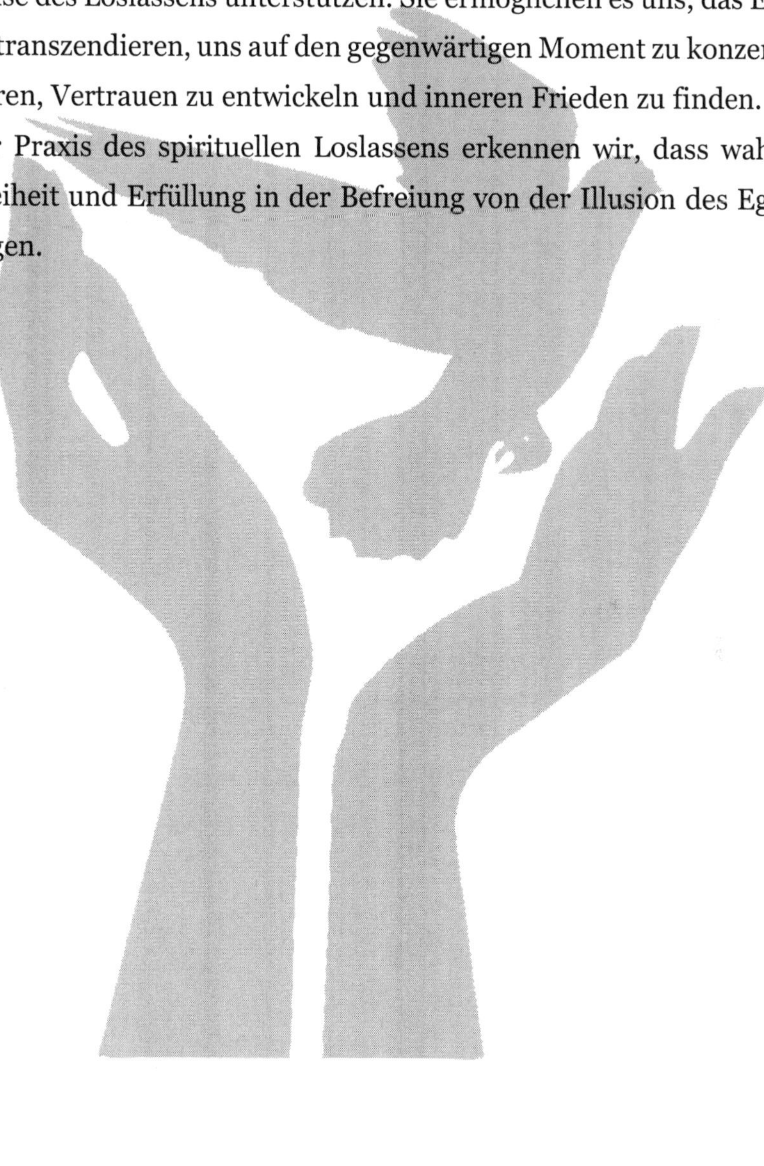

Die Verbindung zum Buddhismus und Anderen Spirituellen Traditionen beim Loslassen

Der Buddhismus und andere spirituelle Traditionen haben jahrhundertelang das Konzept des Loslassens erforscht und praktiziert. Diese Traditionen bieten wertvolle Einsichten und Techniken, um das Loslassen zu verstehen und zu meistern. Im Folgenden werden wir ausführlich betrachten, wie der Buddhismus und andere spirituelle Wege uns beim Loslassen inspirieren können.

Der Buddhismus ist eng mit dem Konzept des Loslassens verbunden, und das Loslassen ist eines der fundamentalen Prinzipien dieser spirituellen Tradition. Im Buddhismus ist das Loslassen als "Nicht-Anhaften" oder "Verzicht" bekannt. Hier sind einige der Schlüsselaspekte, wie der Buddhismus das Loslassen betrachtet:

Anhaften und Leiden: Der Buddhismus lehrt, dass das Anhaften an Dinge, Gedanken und Emotionen die Hauptursache für menschliches Leiden ist. Das Anhaften an vergängliche und sich verändernde Aspekte des Lebens führt zu Enttäuschung, Schmerz und Unzufriedenheit.

Die Vier Edlen Wahrheiten: Eine der grundlegenden Lehren im Buddhismus sind die Vier Edlen Wahrheiten, von denen die zweite Wahrheit besagt, dass die Ursache von Leiden das Verlangen oder Anhaften ist. Das Loslassen von Verlangen führt zur Befreiung von Leiden.

Die Achtsamkeit und Meditation: Im Buddhismus wird Achtsamkeit und Meditation als Weg zum Loslassen praktiziert. Durch Meditation lernen die Praktizierenden, ihre Gedanken und Emotionen zu beobachten, ohne sich an sie zu klammern. Dies führt zu einem tieferen Verständnis der Vergänglichkeit und zur Reduzierung des Anhaftens.

Karma und Wiedergeburt: Im Buddhismus wird gelehrt, dass unser Karma, das auf unseren Handlungen und Absichten basiert, Einfluss auf unsere zukünftigen Leben hat. Das Loslassen von negativen Handlungen und Anhaftungen wird als Weg zur Befreiung aus dem Zyklus der Wiedergeburt und zum Erreichen von Nirwana betrachtet.

Die Praxis des Mitgefühls: Das Loslassen im Buddhismus beinhaltet auch das Mitgefühl gegenüber allen Lebewesen. Das Mitgefühl ermutigt dazu, anderen Wesen zu helfen und gleichzeitig das Anhaften an Selbstbezogenheit zu verringern.

Zusammengefasst ist das Buddhismus ein Weg, der das Loslassen als einen Weg zur Befreiung vom Leiden und zur Erleuchtung sieht. Die Praxis des Loslassens im Buddhismus erstreckt sich über viele Aspekte des Lebens, einschließlich materieller Dinge, Gedanken und Emotionen. Es ist ein Weg, um inneren Frieden und spirituelle Erleuchtung zu erreichen, indem man die Anhaftung an das Ego und die Vergänglichkeit der Welt transzendiert.

1. Buddhismus und das Konzept des Anhaftens:

Der Buddhismus lehrt, dass Anhaften an Dinge, Gedanken und Emotionen die Wurzel des Leidens ist. Das Loslassen von Anhaftungen, auch als "Nicht-Anhaften" bekannt, ist ein zentrales Konzept im Buddhismus. Durch die Praxis der Achtsamkeit und Meditation lernen Buddhisten, wie man das Loslassen kultiviert.

Beispiel: In der Vipassana-Meditation lernen Praktizierende, Gedanken und Emotionen als vorübergehend zu betrachten, anstatt sich an sie zu klammern.

2. Taoismus und das Fließen mit dem Tao:

Im Taoismus geht es darum, im Einklang mit dem Tao zu leben, einem universellen Prinzip. Das Loslassen von Widerstand und die Anpassung an den natürlichen Fluss des Lebens sind wesentliche Elemente dieser Philosophie.

Beispiel: Ein Taoist könnte sich vom Druck lösen, ständig Dinge zu kontrollieren, und stattdessen den natürlichen Verlauf des Lebens akzeptieren.

3. Hinduismus und die Kunst des Loslassens:

Im Hinduismus betont die Bhagavad Gita die Idee des Handelns ohne Anhaftung. Dies bedeutet, seine Pflichten zu erfüllen, ohne an den Früchten der Handlungen zu haften. Durch die Hingabe an das Göttliche wird das Loslassen gefördert.

Beispiel: Ein Hindu kann seine Arbeit mit Hingabe verrichten, ohne sich an den Erfolg oder das Ergebnis zu klammern.

4. Christentum und die Bedeutung der Nächstenliebe:

Im Christentum wird die Nächstenliebe und das Loslassen von Egoismus und Hass betont. Die Lehre von der Vergebung und Barmherzigkeit ist eine Möglichkeit, das Loslassen von negativen Emotionen zu praktizieren.

Beispiel: Ein Christ kann versuchen, einen Menschen zu vergeben, der ihm Unrecht getan hat, und so Bitterkeit und Groll loslassen.

5. Sufismus und die Liebe zu Gott:

Im Sufismus, einer mystischen Strömung des Islam, steht die Liebe zu Gott im Zentrum. Durch die Hingabe an Gott und die Vertiefung der mystischen Erfahrung wird das Loslassen von weltlichen Begierden gefördert.

Beispiel: Ein Sufi kann durch das Singen von Lobpreisungen und Gebeten seine Liebe zu Gott kultivieren und weltliche Begierden loslassen.

Die Verbindung zwischen spirituellen Traditionen und dem Loslassen ist ein tiefer und transzendenter Weg, um inneren Frieden und spirituelle Erfüllung zu finden. Jede Tradition bietet ihre einzigartigen Weisheiten und Praktiken, die uns auf unserer Reise des Loslassens inspirieren können. Unabhängig von Ihrer spirituellen Ausrichtung können Sie von diesen Lehren lernen und Ihr Verständnis für das Loslassen vertiefen. Dieser spirituelle Ansatz zeigt, dass das Loslassen nicht nur eine praktische Fertigkeit ist, sondern auch eine spirituelle Reise zur Erkenntnis unseres wahren Selbst und zur Verbindung mit dem Göttlichen.

Spirituelles Loslassen ist mehr als nur das Verzichten auf äußere Dinge; es ist eine Reise zur Selbsterkenntnis, zur Verbindung mit dem Göttlichen und zur Befreiung von Leiden. In dieser Reise entdecken wir, dass das wahre Glück und die wahre Freiheit darin liegen, die Illusion des Egos zu durchbrechen und eine tiefere Verbindung zum Universum herzustellen.

Auf unserer spirituellen Reise des Loslassens lernen wir, dass es keine endgültigen Antworten gibt und dass die Reise selbst der Weg zur Erleuchtung ist. Indem wir unser Herz und unseren Geist öffnen, können wir die unermessliche Weisheit und Liebe entdecken, die in uns und um uns herum vorhanden sind.

Lasst uns mit dieser Weisheit im Herzen und der Bereitschaft, das Loslassen als spirituellen Pfad zu umarmen, fortfahren. Die Reise des Loslassens mag herausfordernd sein, aber sie verspricht uns inneren Frieden, Erleuchtung und die Erfüllung unseres wahren Selbst. Auf diesem spirituellen Weg finden wir den Schlüssel zur Befreiung von Leiden und zur Entfaltung unseres wahren Potenzials.

Geschichten des Loslassens

Die Geschichten des Loslassens sind Quellen der Inspiration und der Weisheit. Sie erzählen von der menschlichen Fähigkeit, sich von Vergangenem, von negativen Gedankenmustern und von Dingen zu befreien, die uns festhalten. In diesem Kapitel werden wir die faszinierenden und oft bewegenden Erzählungen von Menschen erkunden, die den mutigen Schritt gewagt haben, das Loslassen zu umarmen und dadurch inneren Frieden, Freiheit und ein tieferes Verständnis des Lebens gefunden haben.

Die Geschichten des Loslassens sind Zeugnisse von Wandel und persönlichem Wachstum. Sie zeigen uns, dass wir die Macht haben, uns von dem zu befreien, was uns begrenzt, sei es physischer Besitz, mentale Lasten oder belastende Beziehungen. Diese Geschichten erinnern uns daran, dass das Leben ein fortwährender Prozess ist, in dem das Loslassen eine wichtige Rolle spielt.

In den folgenden Abschnitten werden wir uns mit den Geschichten und Erfahrungen bekannter Persönlichkeiten befassen, die sich intensiv mit dem Thema des Loslassens auseinandergesetzt haben. Ihre Erzählungen sind ein Schatz an Einsichten und bieten uns wertvolle Lektionen darüber, wie das Loslassen uns transformieren und uns zu einem erfüllteren Leben führen kann.

Der Dalai Lama

Der 14. Dalai Lama, Tenzin Gyatso, ist eine herausragende Persönlichkeit des tibetischen Buddhismus und eine weltweit respektierte spirituelle Autorität. Er wurde am 6. Juli 1935 in Taktser, einem kleinen Dorf in Tibet, geboren. Im Alter von zwei Jahren wurde er als die Reinkarnation des 13. Dalai Lama anerkannt, was ihn zum geistigen und politischen Führer Tibets machte. Seine Kindheit war von spiritueller Ausbildung und dem Studium buddhistischer Lehren geprägt.

Die politische Landschaft veränderte sich dramatisch, als die Volksrepublik China Tibet im Jahr 1950 besetzte. Diese Invasion führte zur Flucht des Dalai Lamas ins Exil nach Indien im Jahr 1959, wo er bis heute lebt. Seitdem hat er sich für den Erhalt der tibetischen Kultur, die Einhaltung der Menschenrechte und die Förderung von Frieden und Mitgefühl in der Welt eingesetzt.

Der Dalai Lama ist bekannt für seine Lehren über Mitgefühl, Toleranz und Achtsamkeit. Seine spirituellen Botschaften betonen die Bedeutung des Loslassens von egoistischen Verlangen und negativen Emotionen, um inneren Frieden und Glück zu finden. Seine Erkenntnisse zum Thema Loslassen sind tiefgründig und zeitlos.

Die Erkenntnisse des Dalai Lama zum Loslassen

1. **Anhaftung und Leiden:** Der Dalai Lama betont, dass das Anhaften an weltlichen Dingen und das Festhalten an negativen Emotionen Hauptursachen für menschliches Leiden sind. Er lehrt, dass das Loslassen von Anhaftungen der Schlüssel zur Befreiung von Leiden ist.

2. **Achtsamkeit und Meditation:** Der Dalai Lama ermutigt die Praxis der Achtsamkeit und Meditation, um den Geist zu beruhigen und die Gedankenmuster zu erkennen, die uns gefangen halten. Durch die bewusste Selbstbeobachtung können wir das Loslassen kultivieren.

3. **Mitgefühl und universelle Liebe:** Ein zentrales Thema in den Lehren des Dalai Lama ist das Mitgefühl. Er erinnert uns daran, dass wir uns von Vorurteilen und Feindseligkeit gegenüber anderen Menschen und Lebewesen befreien sollten. Mitgefühl und universelle Liebe sind der Weg zur inneren Freiheit.

4. **Vergebung und Versöhnung:** Der Dalai Lama hat persönlich mit den Herausforderungen der Vergebung und Versöhnung konfrontiert, insbesondere im Hinblick auf die chinesische Regierung und die Situation in Tibet. Seine Haltung betont die Bedeutung des Loslassens von Groll und Hass.

5. **Das Loslassen des Egos:** Der Dalai Lama lehrt, dass das Ego und die Identifikation mit dem Selbst eine der größten Quellen menschlichen Leidens sind. Das Loslassen des Egos und die Erkenntnis der Verbundenheit mit allem Leben sind Schlüssel zu innerem Frieden.

Die Erkenntnisse des Dalai Lama sind nicht auf den Buddhismus beschränkt, sondern bieten zeitlose Weisheiten über das Loslassen, die für Menschen aller Glaubensrichtungen und Kulturen relevant sind. Seine Lehren inspirieren dazu, das Loslassen in das eigene

Leben zu integrieren und auf dem Weg zu innerem Frieden und spiritueller Erfüllung voranzuschreiten.

Thich Nhat Hanh

Thich Nhat Hanh, ein vietnamesischer buddhistischer Mönch, ist eine herausragende Figur des Buddhismus und des Themas Loslassen. Er wurde am 11. Oktober 1926 in Zentralvietnam geboren und wurde früh in den Zen-Buddhismus eingeführt. Thich Nhat Hanh ist ein international anerkannter Autor, Lehrer und Aktivist für den Frieden. Er ist bekannt für seine Bemühungen, das Konzept des Loslassens und der Achtsamkeit in die Welt zu tragen.

Während des Vietnamkriegs spielte Thich Nhat Hanh eine bedeutende Rolle bei den Bemühungen um Frieden und Versöhnung. Aufgrund seines Engagements für den Frieden wurde er 1966 ins Exil gezwungen. Er lebte jahrzehntelang in Frankreich und gründete das Plum Village, ein buddhistisches Kloster und Meditationszentrum, das zu einem wichtigen Zentrum der Achtsamkeit wurde.

Die Erkenntnisse von Thich Nhat Hanh zum Loslassen

1. **Anhaftung und Stress:** Thich Nhat Hanh betont, dass Anhaftung und der Drang, an Dingen oder Ideen festzuhalten, eine Hauptquelle für Stress und Leiden sind. Er lehrt, dass das Loslassen von Anhaftungen einen Weg zur inneren Ruhe ebnet.

2. **Achtsamkeit und Meditation:** Ähnlich wie der Dalai Lama unterstreicht Thich Nhat Hanh die Bedeutung von Achtsamkeit und Meditation. Er hat die Achtsamkeitsmeditation, bekannt als "Achtsames Gehen" oder "Achtsames Atmen," populär gemacht, um den gegenwärtigen Moment zu schätzen und das Loslassen zu üben.

3. **Intersein und Verbundenheit:** Thich Nhat Hanh betont die Idee des "Interseins", die besagt, dass alles im Universum miteinander verbunden ist. Das Loslassen von Trennungsgedanken und die Anerkennung dieser Verbundenheit führt zu innerem Frieden und Mitgefühl.

4. **Freiheit durch Nicht-Anhaften:** Er prägt den Begriff "Nicht-Anhaften" und lehrt, dass wahre Freiheit in der Abwesenheit von Anhaftung liegt. Durch das Loslassen von festen Vorstellungen und Begierden können wir innere Freiheit finden.

5. **Frieden und Versöhnung:** Aufgrund seiner Erfahrungen während des Vietnamkriegs hat Thich Nhat Hanh eine tiefe Verbindung zum Thema Versöhnung und Frieden. Er betont das Loslassen von Groll und Hass als einen Weg zur Heilung von Konflikten.

Thich Nhat Hanh hat das Thema Loslassen nicht nur in seinen Büchern und Lehren erforscht, sondern es auch in die Praxis umgesetzt. Seine tiefgreifenden Erkenntnisse und sein Engagement für Frieden und Achtsamkeit haben unzähligen Menschen geholfen, das Loslassen als Werkzeug zur inneren Ruhe und spirituellen Entwicklung zu schätzen.

Marie Kondo:

Marie Kondo ist eine zeitgenössische japanische Autorin und Organisationsberaterin, die sich auf das Thema Loslassen und Ordnung spezialisiert hat. Sie wurde am 9. Oktober 1984 in Tokio, Japan, geboren. Kondo entwickelte eine einzigartige Methode, die als "Kon-Mari-Methode" bekannt ist und die Menschen dabei unterstützt, ihr Zuhause und ihr Leben zu entmüllen, indem sie bewusst auswählen, was ihnen Freude bereitet.

Bekannt wurde sie durch ihre Bestseller-Bücher, insbesondere "Magic Cleaning: Wie richtiges Aufräumen Ihr Leben verändert" und ihre Netflix-Serie "Aufräumen mit Marie Kondo". Marie Kondo hat es sich zur Aufgabe gemacht, die Prinzipien des Loslassens und der Entmüllung in den Alltag der Menschen zu integrieren.

Die Erkenntnisse von Marie Kondo zum Loslassen

1. **Freude als Leitprinzip:** Marie Kondo lehrt, dass das Loslassen auf der Grundlage von Freude erfolgen sollte. Statt nur nach nützlichen oder unbrauchbaren Dingen zu suchen, sollten wir uns fragen, ob ein Gegenstand uns Freude bereitet. Wenn nicht, ist es Zeit, ihn loszulassen.

2. **Dankbarkeit und Wertschätzung:** Sie betont die Bedeutung der Dankbarkeit gegenüber den Dingen, die wir loslassen. Indem wir ihnen für ihren Dienst und ihre Präsenz in unserem Leben danken, können wir einen positiven Abschluss finden.

3. **Entmüllen als Befreiung:** Kondo betrachtet das Entmüllen als einen befreienden Prozess, der uns von unnötigem Ballast befreit und Raum für das Schöne und Bedeutsame schafft.

4. **Ordnung und Auswirkungen auf das Wohlbefinden:** Sie weist darauf hin, dass die äußere Ordnung in unserem Lebensumfeld unser inneres Wohlbefinden beeinflusst. Das Loslassen von Unordnung kann ein Gefühl der Ruhe und Zufriedenheit schaffen.

5. **Nachhaltigkeit und Umweltbewusstsein:** Kondo betont die Idee, bewusst zu entscheiden, was in unserem Leben bleibt, um die Umweltbelastung zu reduzieren und Ressourcen zu schonen.

Marie Kondo hat das Loslassen und die Kunst des Aufräumens auf eine praktische und alltagstaugliche Weise populär gemacht. Ihre Erkenntnisse tragen dazu bei, dass Menschen bewusster darüber werden, welche Dinge sie in ihrem Leben behalten und wie sie Ordnung schaffen können. Ihr Ansatz unterstreicht die Freude, die im Loslassen und in der bewussten Auswahl von Dingen liegt.

Brené Brown: Leben und Lehren

Brené Brown ist eine zeitgenössische Forscherin, Autorin und Rednerin aus den USA, die sich auf die Bereiche Verletzlichkeit, Scham, Mut und Resilienz spezialisiert hat. Sie wurde am 18. November 1965 in San Antonio, Texas, geboren. Brown ist Professorin an der University of Houston und hat in ihren Büchern und TED-Talks eine breite Anhängerschaft für ihre Forschung und Lehren gewonnen.

Ihre Bücher, darunter "Verletzlichkeit macht stark" und "Daring Greatly," befassen sich mit den emotionalen Herausforderungen, vor denen Menschen stehen, und betonen die Bedeutung des Loslassens von Scham und Perfektionismus. Brené Brown hat es sich zur Aufgabe gemacht, die Menschen dazu zu ermutigen, authentisch zu sein und sich der Verletzlichkeit zu öffnen.

Die Erkenntnisse von Brené Brown zum Loslassen

1. **Verletzlichkeit und Mut:** Brené Brown lehrt, dass wahre Stärke im Mut liegt, sich verletzlich zu zeigen und authentisch zu sein. Das Loslassen von Schutzmechanismen und Masken kann zu echter Verbindung und Lebensfreude führen.
2. **Die Macht der Scham:** Sie erforscht die negativen Auswirkungen von Scham und zeigt auf, wie Schamgefühle Menschen daran hindern, sich zu entfalten. Das Loslassen von Scham ist ein entscheidender Schritt zur Selbstakzeptanz.
3. **Perfektionismus und Selbstkritik:** Brené Brown hebt hervor, dass der Drang nach Perfektionismus oft zu unrealistischem Stress und Leiden führt. Das Loslassen von unrealistischen Erwartungen an sich selbst ist der Weg zu mehr Selbstliebe.
4. **Empathie und Verbindung:** Sie betont die Bedeutung von Empathie und Mitgefühl für eine tiefere Verbindung mit anderen Menschen. Das Loslassen von Urteilen und Vorurteilen ist der Schlüssel zu echten Beziehungen.

5. **Resilienz und Widerstandsfähigkeit:** Brené Brown betont die Fähigkeit des Menschen, aus Herausforderungen zu lernen und widerstandsfähig zu sein. Das Loslassen von der Angst vor dem Scheitern führt zu persönlichem Wachstum.

Ihre Erkenntnisse und Lehren haben Menschen in der westlichen Welt dazu inspiriert, sich mit ihren inneren Ängsten und Selbstzweifeln auseinanderzusetzen. Sie ermutigt dazu, den Mut zu finden, sich selbst zu akzeptieren und Scham und Perfektionismus loszulassen, um ein erfüllteres und authentisches Leben zu führen. Brené Brown zeigt, dass das Loslassen von negativen Emotionen und Mustern der Schlüssel zur persönlichen Stärke und inneren Freiheit ist.

Eckhart Tolle:

Eckhart Tolle ist ein deutscher Autor und spiritueller Lehrer, der in seinen Werken und Vorträgen die Themen Bewusstsein, Präsenz und das Loslassen von Ego-basierten Denkmustern erforscht. Er wurde am 16. Februar 1948 in Lünen, Deutschland, geboren. Tolle hat in seinen Büchern, insbesondere "Die Macht des Jetzt" und "Eine neue Erde," zeitlose Weisheiten über die Bedeutung des Loslassens und der Gegenwart geteilt.

Obwohl er in Deutschland geboren wurde, verbrachte Tolle den Großteil seines Erwachsenenlebens in Kanada und ist heute international anerkannt für seine tiefgreifenden spirituellen Lehren.

Die Erkenntnisse von Eckhart Tolle zum Loslassen

1. **Das Loslassen des Denkens:** Tolle lehrt, dass das Denken oft Quelle von Leiden ist, da es uns in Gedanken über die Vergangenheit und die Zukunft gefangen hält. Das Loslassen von Gedanken ermöglicht es, die Gegenwart zu erleben.

2. **Bewusstsein und Präsenz:** Er betont die Bedeutung des Bewusstseins und der Präsenz im Hier und Jetzt. Das Loslassen von Sorgen und Ablenkungen führt zu innerer Ruhe und Erleuchtung.

3. **Identifikation mit dem Ego:** Tolle ermutigt dazu, sich von der Identifikation mit dem Ego und dem Selbstbild zu lösen. Das Loslassen des Egos führt zu einer tiefen inneren Freiheit.

4. **Akzeptanz und Hingabe:** Er lehrt, dass die Akzeptanz der gegenwärtigen Situation und die Hingabe an das Leben Schlüssel zum Loslassen sind. Das Widerstehen und Kämpfen gegen die Realität verursacht Leiden.

5. **Die Kraft des Jetzt:** Tolle betont, dass die Macht und die Wahrheit im gegenwärtigen Moment liegen. Das Loslassen von Sorgen um die Zukunft und Bedauern über die Vergangenheit führt zur Erleuchtung.

Eckhart Tolles Erkenntnisse und Lehren sind tief spirituell und bieten eine zeitgemäße Perspektive auf das Loslassen. Seine Botschaft erinnert daran, dass das Loslassen von Gedanken, Identifikationen und Widerstand der Schlüssel zu einem erfüllten Leben ist. Eckhart Tolle hat Menschen auf der ganzen Welt inspiriert, das Konzept des Loslassens in die Praxis umzusetzen und inneren Frieden und Erleuchtung zu finden.

Diese Geschichten und Lehren erinnern uns daran, dass das Loslassen nicht auf eine bestimmte Kultur oder Zeit beschränkt ist. Es ist ein universelles Konzept, das auf unterschiedliche Weisen in unser Leben integriert werden kann. Das Loslassen kann in der spirituellen Praxis, im Alltag und sogar in unserer Beziehung zu Besitztümern einen bedeutenden Einfluss haben. Es ist ein Werkzeug, um inneren Frieden und Freiheit zu finden.

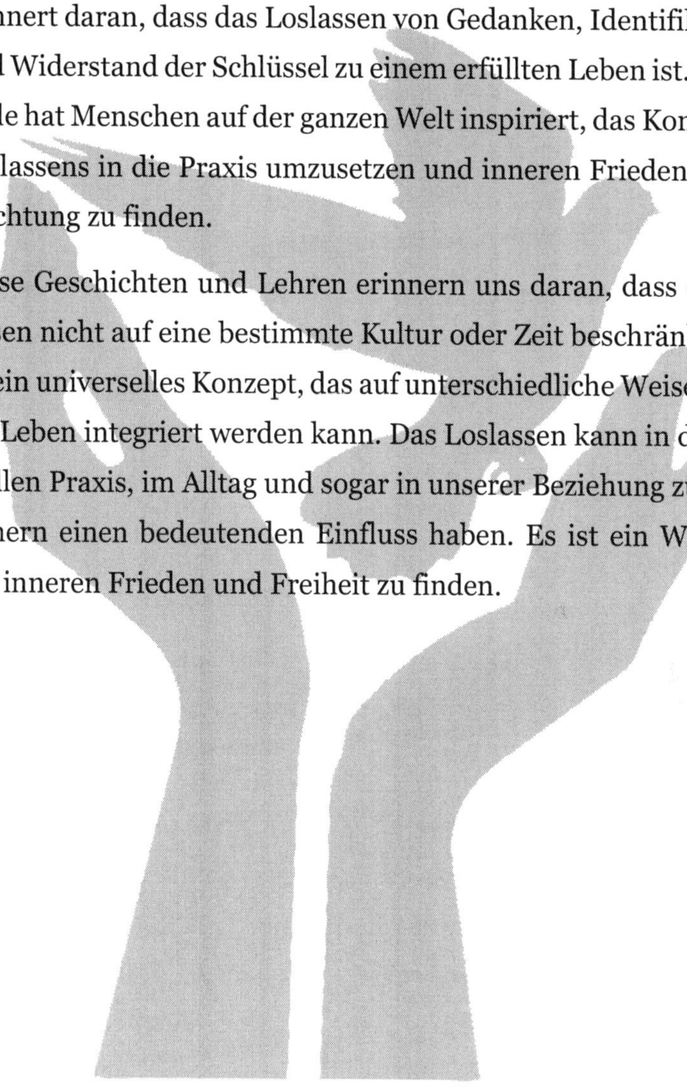

Herausforderungen und Rückschläge auf dem Weg des Loslassens

Der Weg des Loslassens ist eine Reise, die uns zu innerem Frieden, Freiheit und Selbstwachstum führen kann. Doch wie bei jeder Reise begegnen uns auch auf dem Pfad des Loslassens Herausforderungen und Rückschläge. Diese Hindernisse sind natürlich und menschlich, und sie können uns oft in Versuchung führen, in alte Muster des Festhaltens zurückzufallen. In diesem Kapitel werden wir uns mit den verschiedenen Schwierigkeiten auseinandersetzen, die auf dem Weg des Loslassens auftreten können, und Strategien entwickeln, um ihnen zu begegnen.

Loslassen kann sich manchmal anfühlen wie ein Widerspruch zur menschlichen Natur, die oft nach Sicherheit und Kontrolle strebt. Wir klammern uns an Gewohnheiten, Erinnerungen, Menschen und Dinge, weil sie uns ein Gefühl von Stabilität und Vertrautheit bieten. Das Loslassen erfordert Mut, Vertrauen und die Fähigkeit, sich dem Unbekannten zu öffnen.

In diesem Kapitel werden wir die Herausforderungen des Loslassens in verschiedenen Lebensbereichen erkunden, von persönlichen Beziehungen über materiellen Besitz bis hin zu emotionalen Mustern. Wir werden auch darüber sprechen, wie Rückschläge und Misserfolge Teil des Prozesses sein können, und wie sie uns in Wirklichkeit näher zur Freiheit des Loslassens bringen können.

Die Schwierigkeiten und Rückschläge, die wir auf dem Weg des Loslassens erleben, sind nicht dazu da, uns zu entmutigen, sondern vielmehr dazu, uns zu lehren und zu stärken. Indem wir uns diesen

Herausforderungen stellen, können wir wachsen und die wertvolle Fähigkeit des Loslassens weiterentwickeln. Dieses Kapitel wird uns helfen, die Natur dieser Herausforderungen zu verstehen und Wege zu finden, sie zu überwinden, um unsere Reise des Loslassens fortzusetzen.

Hindernisse auf dem Weg des Loslassens: Eine tiefergehende Betrachtung

Das Loslassen ist kein geradliniger Prozess, und es gibt viele Hindernisse, die unseren Weg behindern können. Es ist wichtig, diese Hindernisse zu verstehen, da sie oft unbewusste Gewohnheiten und Denkmuster sind, die uns daran hindern, Veränderungen anzunehmen. Hier ist eine eingehendere Betrachtung einiger der häufigsten Hindernisse auf dem Weg des Loslassens:

1. **Angst vor dem Unbekannten:** Die Angst vor dem Unbekannten ist ein mächtiges Hindernis auf dem Weg des Loslassens. Menschen sind oft von Natur aus vorsichtig und bevorzugen das Bekannte, auch wenn es unglücklich macht. Die Angst vor dem Unbekannten kann dazu führen, dass wir in toxischen Beziehungen, unerfüllenden Jobs oder schädlichen Gewohnheiten verharren.

Beispiel: Eine Person, die unglücklich in ihrem Beruf ist, könnte Angst davor haben, sich auf eine neue berufliche Richtung einzulassen, da sie die Unsicherheit und den möglichen Misserfolg fürchtet.

2. **Emotionale Bindungen:** Starke emotionale Bindungen an Menschen, Orte oder Dinge können das Loslassen erheblich erschweren. Diese Bindungen können auf Liebe, Nostalgie, Verantwortung oder Verpflichtung beruhen und uns davon abhalten, uns von etwas zu trennen, selbst wenn es uns schadet.

Beispiel: Das Loslassen einer langjährigen Freundschaft kann aufgrund der gemeinsamen Erinnerungen und der emotionalen Verbindung, selbst wenn sie toxisch ist, schwierig sein.

3. **Angst vor Verlust:** Das Loslassen bedeutet oft, etwas zu verlieren. Dies kann finanzielle Verluste, sozialen Status oder auch Freundschaften und Beziehungen einschließen. Die Angst vor diesem Verlust kann uns dazu veranlassen, an Dingen oder Situationen festzuhalten, die uns unglücklich machen.

Beispiel: Das Loslassen von materiellem Besitz, der finanziellen Wert hat, kann Angst vor finanziellen Verlusten auslösen.

4. **Widerstand gegen den Schmerz:** Der Prozess des Loslassens kann schmerzhaft sein, da er uns mit unangenehmen Emotionen und Unsicherheiten konfrontiert. Wir könnten den Schmerz vermeiden wollen, indem wir in einer ungesunden Beziehung oder unerfüllenden Situation verbleiben.

Beispiel: Das Loslassen einer Beziehung, die uns verletzt, kann schmerzhaft sein, aber der Widerstand gegen den Schmerz kann dazu führen, dass wir in dieser schädlichen Beziehung bleiben.

5. **Perfektionismus:** Perfektionismus ist ein weiteres Hindernis auf dem Weg des Loslassens. Wir könnten denken, dass alles perfekt sein muss, bevor wir uns auf Veränderungen einlassen können. Diese Einstellung kann dazu führen, dass wir den Moment verpassen, in dem wir tatsächlich loslassen könnten.

Beispiel: Das Warten auf den "perfekten Zeitpunkt" für eine Veränderung kann dazu führen, dass wir in einer unglücklichen Situation verharren.

6. **Selbstzweifel:** Selbstzweifel sind ein inneres Hindernis, das das Loslassen behindern kann. Wenn wir an unserer eigenen Fähigkeit zweifeln, mit Veränderungen umzugehen, könnten wir uns selbst davon überzeugen, dass wir nicht stark genug oder klug genug sind, um loszulassen.

Beispiel: Die Überzeugung, dass man nicht in der Lage ist, eine berufliche Veränderung erfolgreich zu bewältigen, kann dazu führen, dass man in einem unerfüllenden Job verharrt.

Diese Hindernisse können subtil und tief verwurzelt sein, aber sie sind nicht unüberwindbar. Sie erfordern bewusste Anstrengung, Selbstreflexion und die Entwicklung neuer Denkmuster und Gewohnheiten, um sie zu überwinden. Das Erkennen und Verstehen dieser Hindernisse ist der erste Schritt zur Bewältigung. Im nächsten Abschnitt werden wir Strategien und Techniken zur Überwindung dieser Hindernisse auf dem Weg des Loslassens untersuchen.

Umgang mit Rückschlägen auf dem Weg des Loslassens

Auf dem Weg des Loslassens sind Rückschläge unausweichlich. Diese Herausforderungen können frustrierend sein, da sie uns manchmal das Gefühl vermitteln, dass wir keinen Fortschritt gemacht haben oder dass wir in alte Muster zurückgefallen sind. Es ist jedoch wichtig zu verstehen, dass Rückschläge ein natürlicher Bestandteil des Loslassens und des persönlichen Wachstums sind. Hier sind einige bewährte Strategien, wie man mit Rückschlägen umgehen kann:

1. **Selbstmitgefühl entwickeln:** Wenn Sie auf einen Rückschlag stoßen, seien Sie sanft zu sich selbst. Akzeptieren Sie, dass Rückschläge unvermeidlich sind, und verurteilen Sie sich nicht dafür. Selbstmitgefühl ist ein wichtiger Schlüssel, um sich von negativen Gefühlen zu befreien und den Fokus auf den Fortschritt zu lenken.

2. **Reflektion und Analyse:** Statt den Rückschlag als Niederlage zu betrachten, sehen Sie ihn als Gelegenheit zur Reflexion und Analyse. Fragen Sie sich, warum der Rückschlag aufgetreten ist, und was Sie aus dieser Erfahrung lernen können. Dies kann Ihnen helfen, künftige Rückschläge zu vermeiden oder besser darauf vorbereitet zu sein.

3. **Geduld und Ausdauer:** Das Loslassen ist oft ein schrittweiser Prozess. Verstehen Sie, dass es Zeit und Geduld erfordert. Wenn Sie auf einen Rückschlag stoßen, bedeutet das nicht, dass Ihr Fortschritt rückgängig gemacht wurde. Seien Sie geduldig und beharrlich auf Ihrem Weg.

4. **Unterstützung suchen:** Sprechen Sie mit Freunden, Familie oder einem Therapeuten über Ihre Rückschläge. Der Austausch mit anderen kann Ihnen emotionale Unterstützung bieten und neue Perspektiven auf die Situation eröffnen.
5. **Positives Denken fördern:** Versuchen Sie, Ihre Gedanken auf das Positive zu lenken. Betrachten Sie Rückschläge als Chancen zum Wachsen und Lernen. Die Einstellung, dass Schwierigkeiten überwunden werden können, kann Ihnen helfen, Ihren Fokus auf das Loslassen zu behalten.
6. **Flexibilität und Anpassung:** Manchmal müssen Sie Ihre Strategien und Ziele anpassen, um Rückschläge zu bewältigen. Flexibilität ist entscheidend, um auf Veränderungen zu reagieren und dennoch auf dem Weg des Loslassens zu bleiben.
7. **Visualisierung und Zielformulierung:** Halten Sie Ihre Ziele und Visionen für das Loslassen klar vor Augen. Visualisieren Sie, wie Sie sich fühlen werden, wenn Sie Ihr Ziel erreicht haben. Dies kann Ihnen helfen, den Antrieb aufrechtzuerhalten, auch wenn Rückschläge auftreten.
8. **Lektionen ziehen:** Jeder Rückschlag kann Ihnen wertvolle Lektionen und Einsichten bieten. Nutzen Sie diese Erfahrungen, um Ihr Verständnis über sich selbst und den Prozess des Loslassens zu vertiefen.

Es ist wichtig zu erkennen, dass Rückschläge nicht das Ende des Weges bedeuten. Sie sind vielmehr Gelegenheiten zur Weiterentwicklung und zum persönlichen Wachstum. Jeder Rückschlag, den Sie überwinden, macht Sie stärker und bringt Sie näher zu einem erfüllten Leben, das von Loslassen und Freiheit geprägt ist. Betrachten Sie Rückschläge als Teil Ihrer Reise und nicht als Hindernisse, die Ihren Weg versperren.

In unserer Reise durch das Thema "Die Kunst des Loslassens" haben wir eine tiefgreifende Erkundung darüber unternommen, wie das Loslassen unsere Lebensqualität beeinflusst und unser inneres Wachstum fördert. Diese Schlussbetrachtung fasst die essentiellen Erkenntnisse und Botschaften zusammen, die im Verlauf des Buches vermittelt wurden:

1. Loslassen als fundamentales Prinzip: Wir haben erkannt, dass das Loslassen ein grundlegendes Prinzip für ein erfülltes Leben ist. Es ermöglicht uns, Ballast abzuwerfen, uns von Belastungen zu befreien und inneren Frieden zu finden. Es ist der Schlüssel, um unser volles Potenzial zu entfalten.

2. Die kontinuierliche Reise des Loslassens: Das Loslassen ist keine einmalige Handlung, sondern eine fortwährende Reise. Diese Reise mag gelegentlich holprig sein und uns vor Herausforderungen stellen, aber sie bietet uns die Gelegenheit zu wachsen und uns weiterzuentwickeln.

3. Die vielfältigen Lebensbereiche des Loslassens: Wir haben die Anwendbarkeit des Loslassens in verschiedenen Lebensbereichen erkundet, von zwischenmenschlichen Beziehungen und materiellem Besitz bis hin zu negativen Gedanken und spirituellen Aspekten. Diese Vielfalt zeigt uns, dass das Loslassen universell ist.

4. Die Belohnungen des Loslassens: Das Buch hat deutlich gemacht, dass das Loslassen uns zahlreiche Belohnungen bringt. Mehr Freiheit, innerer Frieden, bessere Gesundheit und Raum für persönliches Wachstum sind nur einige der Vorteile, die wir ernten können.

5. Die Bewältigung von Herausforderungen und Rückschlägen: Wir haben gelernt, dass Rückschläge und Hindernisse auf dem Weg des Loslassens normal sind. Sie sind Gelegenheiten zum Lernen und Wachsen. Durch den Einsatz von Werkzeugen und Strategien können wir diese Hürden überwinden.

6. Die Werkzeuge des Loslassens: Das Buch hat eine breite Palette von Werkzeugen und Techniken vorgestellt, die uns auf unserem Weg des Loslassens unterstützen. Diese Werkzeuge, wie Selbstmitgefühl, Visualisierung und Flexibilität, dienen als praktische Ressourcen.

7. Die Hoffnung und Motivation: Wir schließen unser Buch mit einer Botschaft der Hoffnung und Motivation. Wir ermutigen unsere Leser, sich auf ihre eigene Reise des Loslassens zu begeben und positive Veränderungen in ihrem Leben anzustreben.

8. Ein persönlicher Abschluss: Als Autoren haben wir unsere eigenen Erfahrungen und Erkenntnisse geteilt, um die Leser zu inspirieren. Wir möchten zeigen, dass wir alle in diesem Prozess des Loslassens zusammen sind.

9. Ein Appell zur Handlung: Unsere Leser werden aufgefordert, das Gelernte in die Tat umzusetzen. Wir ermutigen sie, die Kunst des Loslassens in ihrem eigenen Leben anzuwenden und positive Veränderungen zu bewirken.

Abschließend möchten wir betonen, dass das Loslassen nicht nur eine philosophische Idee ist, sondern eine praktische und machbare Realität. Es ist ein Schlüssel zur Selbstentwicklung und zur Entdeckung unserer wahren Potenziale. Wir hoffen, dass dieses Buch Sie inspiriert hat, Ihre eigene Reise des Loslassens zu beginnen oder fortzusetzen und dass es Ihnen die Werkzeuge und den Glauben gibt, die Sie benötigen, um die Kunst des Loslassens in Ihrem Leben zu meistern.

Ermutigung und Motivation

Liebe Leserinnen und Leser,

Die Reise des Loslassens, die wir gemeinsam in diesem Buch erkundet haben, ist eine der wertvollsten Reisen, die Sie in Ihrem Leben antreten können. Es ist ein Weg zu innerer Freiheit, innerem Frieden und persönlichem Wachstum. Wir möchten Ihnen hiermit einige ermutigende Worte mit auf den Weg geben, die Sie motivieren sollen, diesen Prozess des Loslassens zu beginnen oder fortzusetzen.

1. **Jeder Schritt ist ein Fortschritt:** Erinnern Sie sich daran, dass jeder Schritt auf dieser Reise des Loslassens ein Fortschritt ist, unabhängig davon, wie klein er sein mag. Jeder Moment, in dem Sie sich dazu entscheiden, etwas loszulassen, bringt Sie näher zu einem erfüllteren Leben.

2. **Die Kunst des Loslassens ist erlernbar:** Das Loslassen ist keine Fähigkeit, die Sie von Geburt an besitzen müssen. Es ist eine Kunst, die Sie erlernen können. Jeder hat die Fähigkeit, loszulassen und sich von Belastungen zu befreien.

3. **Chancen für persönliches Wachstum:** Denken Sie an das Loslassen als eine Gelegenheit, sich persönlich weiterzuentwickeln. Auf dieser Reise werden Sie nicht nur Dinge loslassen, sondern auch über sich selbst lernen und stärker werden.

4. **Befreiung von Ballast:** Stellen Sie sich vor, wie es sich anfühlt, Ballast abzuwerfen und Ihr Leben leichter zu gestalten. Das Loslassen ermöglicht es Ihnen, Raum für Positives zu schaffen und sich von Dingen zu trennen, die Sie belasten.

5. **Hoffnung und innerer Frieden:** Das Loslassen führt zu Hoffnung und innerem Frieden. Es befreit Sie von Sorgen und Ängsten, die Sie zurückhalten, und ermöglicht es Ihnen, das Leben in vollen Zügen zu genießen.

6. **Unterstützung in Ihrem Umfeld:** Denken Sie daran, dass Sie nicht allein auf dieser Reise sind. Es gibt Freunde, Familie oder sogar professionelle Unterstützung, die Ihnen helfen können. Das Teilen Ihrer Reise mit anderen kann unglaublich hilfreich sein.

7. **Ihre eigene Zeit und Ihr eigener Rhythmus:** Jeder Mensch hat seinen eigenen Zeitplan und Rhythmus. Das Loslassen geschieht dann, wenn Sie dazu bereit sind. Drängen Sie sich nicht, sondern respektieren Sie Ihren eigenen Prozess.

8. **Das Leben in vollen Zügen genießen:** Denken Sie an die Freiheit, das Leben in vollen Zügen zu genießen, ohne von der Last der Vergangenheit oder ungesunder Bindungen beeinträchtigt zu werden. Das ist das Geschenk des Loslassens.

Beginnen Sie Ihre Reise des Loslassens mit Vertrauen und Entschlossenheit. Sie haben die Werkzeuge, das Wissen und die Motivation, um erfolgreich zu sein. Wir ermutigen Sie, Schritt für Schritt voranzugehen, Rückschläge als Gelegenheiten zum Lernen zu betrachten und die wunderbaren Belohnungen des Loslassens zu genießen.

Möge dieses Buch Sie inspirieren und begleiten, während Sie die Kunst des Loslassens in Ihrem eigenen Leben meistern. Wir glauben an Sie und Ihre Fähigkeit, ein erfülltes und freies Leben zu führen.

Mit herzlichen Grüßen

Robert M. Wagner

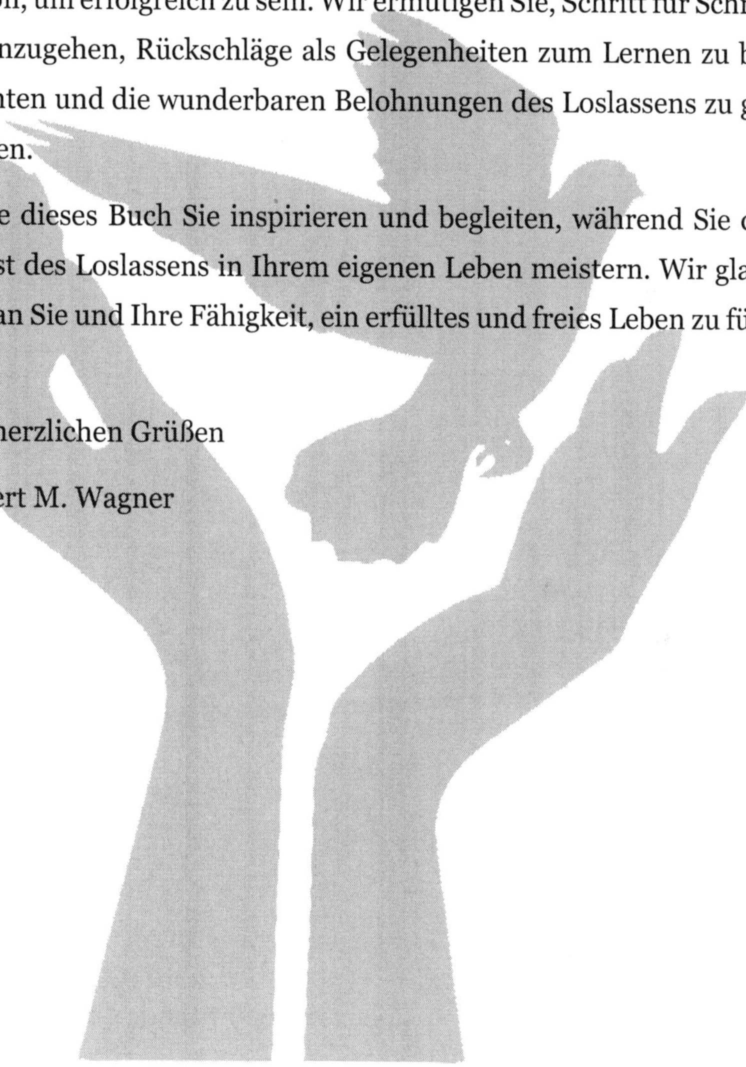

Literatur zum Thema Loslassen:

1. **"Der kleine Buddha und die Sache mit der Liebe" von Claus Mikosch:** Dieses Buch vermittelt die Lehren des Buddha auf eine leicht verständliche Weise und betont die Bedeutung des Loslassens in Bezug auf Liebe und Glück.

2. **"Der Weg des Künstlers" von Julia Cameron:** Obwohl es sich nicht ausschließlich mit dem Thema Loslassen befasst, ist dieses Buch ein inspirierender Leitfaden für kreative Selbstfindung und die Befreiung von kreativen Blockaden.

3. **"Radikale Vergebung" von Colin Tipping:** Dieses Buch behandelt die transformative Kraft der Vergebung und wie sie uns ermöglicht, Vergangenes loszulassen und inneren Frieden zu finden.

4. **"Die Hütte: Ein Wochenende mit Gott" von William Paul Young:** Diese allegorische Geschichte erforscht tiefgreifende Themen des Loslassens und der Heilung durch eine spirituelle Reise.

5. **"Loslassen: Wie ich die Welt entdeckte und verzichten lernte" von Tami Simon:** Die Autorin erzählt von ihrer persönlichen Reise des Loslassens und wie sie ein erfülltes Leben fand, indem sie sich von äußerem Besitz und inneren Begrenzungen befreite.

6. **"Der Lauf der Welt: Geschichte einer lebenslänglichen Reise" von Christopher McDougall:** Dieses Buch erforscht das Laufen als eine Methode des Loslassens und der Selbstentdeckung.

7. **"Der sanfte Krieger des Lichts" von Dan Millman:** Dieses Buch erzählt die Geschichte eines jungen Mannes, der nach persönlicher Transformation und spiritueller Erleuchtung sucht und dabei wichtige Lektionen über das Loslassen lernt.

Weitere Ressourcen und Quellen:

1. **Meditations-Apps:** Apps wie "Headspace", "Calm" und "Insight Timer" bieten geführte Meditationen und Übungen zum Loslassen.
2. **Online-Kurse und Workshops:** Plattformen wie Udemy, Coursera und edX bieten Kurse zum Thema Loslassen und persönliche Entwicklung.
3. **Spirituelle Gemeinschaften:** Die Teilnahme an spirituellen Gruppen oder Workshops in Ihrer Nähe kann eine wertvolle Ressource sein, um mehr über das Loslassen zu erfahren.
4. **Psychologische Beratung:** Ein lizenzierter Therapeut oder Psychologe kann individuelle Unterstützung beim Loslassen bieten.
5. **Online-Foren und Blogs:** In Online-Communities und auf Blogs finden Sie oft persönliche Erfahrungen und Tipps zum Loslassen.
6. **Podcasts:** Es gibt zahlreiche Podcasts, die sich mit persönlicher Entwicklung und dem Thema Loslassen befassen. Einige Empfehlungen sind "The Minimalists Podcast" und "The Life Coach School Podcast."

Diese Literatur und Ressourcen bieten eine breite Palette von Ansätzen und Perspektiven zum Thema Loslassen. Sie können Ihnen helfen, tiefer in dieses Thema einzutauchen, verschiedene Methoden zu erkunden und Inspiration für Ihre eigene Reise des Loslassens zu finden.

Haftungsausschluss

Die Umsetzung aller enthaltenen Informationen, Anleitungen und Strategien dieser Print-Editionen erfolgt auf eigenes Risiko. Für etwaige Schäden jeglicher Art kann der Autor aus keinem Rechtsgrund eine Haftung übernehmen. Für Schäden materieller oder ideeller Art, die durch die Nutzung oder Nichtnutzung der Informationen bzw. durch die Nutzung fehlerhafter und/oder unvollständiger Informationen verursacht wurden, sind Haftungsansprüche gegen den Autor grundsätzlich ausgeschlossen. Ausgeschlossen sind daher auch jegliche Rechts- und Schadensersatzansprüche. Dieses Werk wurde mit größter Sorgfalt nach bestem Wissen und Gewissen erarbeitet und niedergeschrieben. Für die Aktualität, Vollständigkeit und Qualität der Informationen übernimmt der Autor jedoch keinerlei Gewähr. Auch können Druckfehler und Falschinformationen nicht vollständig ausgeschlossen werden. Für fehlerhafte Angaben vom Autor kann keine juristische Verantwortung sowie Haftung in irgendeiner Form übernommen werden.

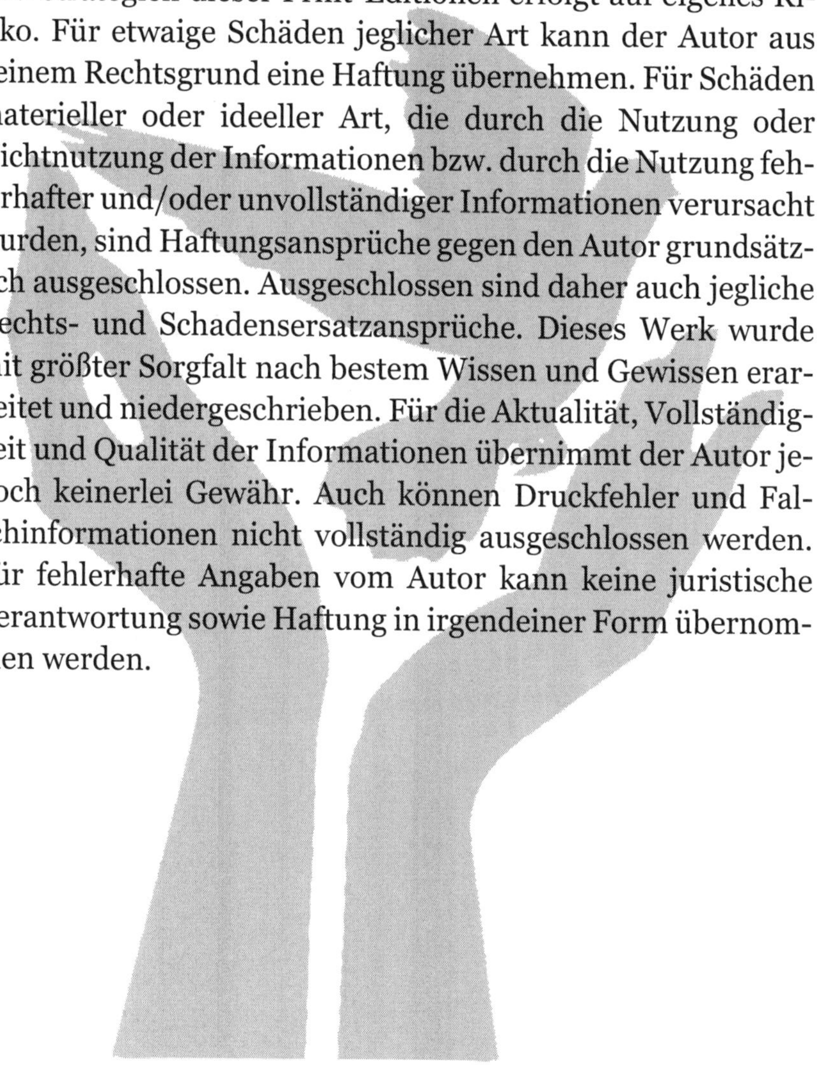

Urheberrecht

Impressum

1. Auflage

ISBN: 978-3-911133-01-2

Robert Wagner wird vertreten durch:

Kontakt:

Full Service Agentur EO GmbH
Adolf Kaschny Straße 19,
51373 Leverkusen
Vertreten durch: EBUBEKIR ENES SATILMIS

Mail: info.eesmedia@gmail.com

Printed in Poland
by Amazon Fulfillment
Poland Sp. z o.o., Wrocław

29304194R00074